T&P BOOKS

ALEMÃO
VOCABULÁRIO

PORTUGUÊS BRASILEIRO

PORTUGUÊS
ALEMÃO

Para alargar o seu léxico e apurar
as suas competências linguísticas

3000 palavras

Vocabulário Português Brasileiro-Alemão - 3000 palavras

Por Andrey Taranov

Os vocabulários da T&P Books destinam-se a ajudar a aprender, a memorizar, e a rever palavras estrangeiras. O dicionário é dividido em temas, cobrindo todas as principais esferas de atividades quotidianas, negócios, ciência, cultura, etc.

O processo de aprendizagem, utilizando os dicionários baseados em temáticas da T&P Books dá-lhe as seguintes vantagens:

- Informação de origem corretamente agrupada predetermina o sucesso em fases subsequentes da memorização de palavras
- Disponibilização de palavras derivadas da mesma raiz, o que permite a memorização de unidades de texto (em vez de palavras separadas)
- Pequenas unidades de palavras facilitam o processo de estabelecimento de vínculos associativos necessários para a consolidação do vocabulário
- O nível de conhecimento da língua pode ser estimado pelo número de palavras aprendidas

T&P Books Publishing
www.tpbooks.com

ISBN: 978-1-78767-428-8

Este livro também está disponível em formato E-book.
Por favor visite www.tpbooks.com ou as principais livrarias on-line.

VOCABULÁRIO ALEMÃO
palavras mais úteis

Os vocabulários da T&P Books destinam-se a ajudar a aprender, a memorizar, e a rever palavras estrangeiras. O vocabulário contém mais de 3000 palavras de uso comum organizadas tematicamente.

O vocabulário contém as palavras mais comummente usadas
Recomendado como adicional para qualquer curso de línguas
Satisfaz as necessidades dos iniciados e dos alunos avançados de línguas estrangeiras
Conveniente para o uso diário, sessões de revisão e atividades de auto-teste
Permite avaliar o seu vocabulário

Características especias do vocabulário

· As palavras estão organizadas de acordo com o seu significado, e não por ordem alfabética
· As palavras são apresentadas em três colunas para facilitar os processos de revisão e auto-teste
· As palavras compostas são divididas em pequenos blocos para facilitar o processo de aprendizagem
· O vocabulário oferece uma transcrição simples e adequada de cada palavra estrangeira

O vocabulário contém 101 tópicos incluindo:

Conceitos básicos, Números, Cores, Meses, Estações do ano, Unidades de medida, Roupas & Acessórios, Alimentos & Nutrição, Restaurante, Membros da Família, Parentes, Caráter, Sentimentos, Emoções, Doenças, Cidade, Passeios, Compras, Dinheiro, Casa, Lar, Escritório, Trabalho no Escritório, Importação & Exportação, Marketing, Pesquisa de Emprego, Esportes, Educação, Computador, Internet, Ferramentas, Natureza, Países, Nacionalidades e muito mais ...

TABELA DE CONTEÚDOS

GUIA DE PRONUNCIAÇÃO

Alfabeto fonético T&P	Exemplo Alemão	Exemplo Português
[a]	Blatt	chamar
[ɐ]	Meister	amar
[e]	Melodie	metal
[ɛ]	Herbst	mesquita
[ə]	Leuchte	milagre
[ɔ]	Knopf	emboço
[o]	Operette	lobo
[œ]	Förster	orgulhoso
[ø]	nötig	orgulhoso
[æ]	Los Angeles	semana
[i]	Spiel	sinônimo
[ɪ]	Absicht	sinônimo
[ʊ]	Skulptur	bonita
[u]	Student	bonita
[y]	Pyramide	questionar
[ʏ]	Eukalyptus	questionar

Consoantes

[b]	Bibel	barril
[d]	Dorf	dentista
[f]	Elefant	safári
[ʒ]	Ingenieur	talvez
[dʒ]	Jeans	adjetivo
[j]	Interview	Vietnã
[g]	August	gosto
[h]	Haare	[h] aspirada
[ç]	glücklich	caixa
[x]	Kochtopf	fricativa uvular surda
[k]	Kaiser	aquilo
[l]	Verlag	libra
[m]	Messer	magnólia
[n]	Norden	natureza
[ŋ]	Onkel	alcançar
[p]	Gespräch	presente

Alfabeto fonético T&P   Exemplo Alemão   Exemplo Português

[r]	Force majeure	riscar
[ʁ]	Kirche	[r] vibrante
[ʀ]	fragen	[r] vibrante
[s]	Fenster	sanita
[t]	Foto	tulipa
[ts]	Gesetz	tsé-tsé
[ʃ]	Anschlag	mês
[tʃ]	Deutsche	Tchau!
[w]	Sweater	página web
[v]	Antwort	fava
[z]	langsam	sésamo

Ditongos

[aɪ]	Speicher	cereais
[ɪa]	Miniatur	Himalaias
[ɪo]	Radio	ioga
[jo]	Illustration	ioga
[ɔɪ]	feucht	moita
[ɪe]	Karriere	folheto

Símbolos adicionais

[']	['aːbɐ]	acento principal
[ˌ]	['dɛŋkˌmaːl]	acento secundário
[ʔ]	[oˈliːvənˌʔøːl]	oclusiva glotal
[ː]	['myːlə]	som de longa duração
[·]	['ʀaɪzəˈbyˌʀoː]	ponto mediano

ABREVIATURAS
usadas no vocabulário

Abreviaturas do Português

adj	-	adjetivo
adv	-	advérbio
anim.	-	animado
conj.	-	conjunção
desp.	-	esporte
etc.	-	Etcetera
ex.	-	por exemplo
f	-	nome feminino
f pl	-	feminino plural
fem.	-	feminino
inanim.	-	inanimado
m	-	nome masculino
m pl	-	masculino plural
m, f	-	masculino, feminino
masc.	-	masculino
mat.	-	matemática
mil.	-	militar
pl	-	plural
prep.	-	preposição
pron.	-	pronome
sb.	-	sobre
sing.	-	singular
v aux	-	verbo auxiliar
vi	-	verbo intransitivo
vi, vt	-	verbo intransitivo, transitivo
vr	-	verbo reflexivo
vt	-	verbo transitivo

Abreviaturas do Alemão

f	-	nome feminino
f pl	-	feminino plural
f, n	-	feminino, neutro
m	-	nome masculino
m pl	-	masculino plural
m, f	-	masculino, feminino
m, n	-	masculino, neutro
n	-	neutro

n pl	-	neutro plural
pl	-	plural
v mod	-	verbo modal
vi	-	verbo intransitivo
vi, vt	-	verbo intransitivo, transitivo
vt	-	verbo transitivo

CONCEITOS BÁSICOS

1. Pronomes

eu	ich	[ɪç]
você	du	[du:]
ele	er	[e:ɐ]
ela	sie	[zi:]
ele, ela (neutro)	es	[ɛs]
nós	wir	[vi:ɐ]
vocês	ihr	[i:ɐ]
o senhor, -a	Sie	[zi:]
senhores, -as	Sie	[zi:]
eles, elas	sie	[zi:]

2. Cumprimentos. Saudações

Oi!	Hallo!	[ha'lo:]
Olá!	Hallo!	[ha'lo:]
Bom dia!	Guten Morgen!	['gu:tən 'mɔʁgən]
Boa tarde!	Guten Tag!	['gu:tən 'ta:k]
Boa noite!	Guten Abend!	['gu:tən 'a:bənt]
cumprimentar (vt)	grüßen (vi, vt)	['gʁy:sən]
Oi!	Hallo!	[ha'lo:]
saudação (f)	Gruß (m)	[gʁu:s]
saudar (vt)	begrüßen (vt)	[bə'gʁy:sən]
Tudo bem?	Wie geht's?	[ˌvi: 'ge:ts]
E aí, novidades?	Was gibt es Neues?	[vas gi:pt ɛs 'nɔɪəs]
Tchau! Até logo!	Auf Wiedersehen!	[aʊf 'vi:dɐˌze:ən]
Até breve!	Bis bald!	[bɪs balt]
Adeus! (sing.)	Lebe wohl!	['le:bə vo:l]
Adeus! (pl)	Leben Sie wohl!	['le:bən zi: vo:l]
despedir-se (dizer adeus)	sich verabschieden	[zɪç fɛɐ'apʃi:dən]
Até mais!	Tschüs!	[tʃy:s]
Obrigado! -a!	Danke!	['daŋkə]
Muito obrigado! -a!	Dankeschön!	['daŋkəʃø:n]
De nada	Bitte!	['bɪtə]
Não tem de quê	Keine Ursache!	['kaɪnə 'u:ɐˌzaxə]
Não foi nada!	Nichts zu danken!	[nɪçts tsu 'daŋkən]
Desculpa!	Entschuldige!	[ɛnt'ʃʊldɪgə]
Desculpe!	Entschuldigung!	[ɛnt'ʃʊldɪgʊŋ]
desculpar (vt)	entschuldigen (vt)	[ɛnt'ʃʊldɪgən]

desculpar-se (vr)	sich entschuldigen	[zɪç ɛnt'ʃʊldɪɡən]
Me desculpe	Verzeihung!	[fɛɐ'tsaɪʊŋ]
Desculpe!	Entschuldigung!	[ɛnt'ʃʊldɪɡʊŋ]
perdoar (vt)	verzeihen (vt)	[fɛɐ'tsaɪən]
Não faz mal	Das macht nichts!	[das maχt nɪçts]
por favor	bitte	['bɪtə]
Não se esqueça!	Nicht vergessen!	[nɪçt fɛɐ'ɡɛsən]
Com certeza!	Natürlich!	[na'ty:ɐlɪç]
Claro que não!	Natürlich nicht!	[na'ty:ɐlɪç 'nɪçt]
Está bem! De acordo!	Gut! Okay!	[gu:t], [o'ke:]
Chega!	Es ist genug!	[ɛs ist ɡə'nu:k]

3. Questões

Quem?	Wer?	[ve:ɐ]
O que?	Was?	[vas]
Onde?	Wo?	[vo:]
Para onde?	Wohin?	[vo'hɪn]
De onde?	Woher?	[vo'he:ɐ]
Quando?	Wann?	[van]
Para quê?	Wozu?	[vo'tsu:]
Por quê?	Warum?	[va'ʀʊm]
Para quê?	Wofür?	[vo'fy:ɐ]
Como?	Wie?	[vi:]
Qual (~ é o problema?)	Welcher?	['vɛlçɐ]
Qual (~ deles?)	Welcher?	['vɛlçɐ]
A quem?	Wem?	[ve:m]
De quem?	Über wen?	['y:bɐ ve:n]
Do quê?	Wovon?	[vo:'fɔn]
Com quem?	Mit wem?	[mɪt ve:m]
Quantos? -as?	Wie viele?	[vi: 'fi:lə]
Quanto?	Wie viel?	['vi: fi:l]
De quem? (masc.)	Wessen?	['vɛsən]

4. Preposições

com (prep.)	mit	[mɪt]
sem (prep.)	ohne	['o:nə]
a, para (exprime lugar)	nach	[na:χ]
sobre (ex. falar ~)	über	['y:bɐ]
antes de ...	vor	[fo:ɐ]
em frente de ...	vor	[fo:ɐ]
debaixo de ...	unter	['ʊntɐ]
sobre (em cima de)	über	['y:bɐ]
em ..., sobre ...	auf	[aʊf]
de, do (sou ~ Rio de Janeiro)	aus	['aʊs]
de (feito ~ pedra)	aus, von	['aʊs], [fɔn]

| em (~ 3 dias) | in | [ɪn] |
| por cima de ... | über | ['y:bɐ] |

5. Palavras funcionais. Advérbios. Parte 1

Onde?	Wo?	[vo:]
aqui	hier	[hi:ɐ]
lá, ali	dort	[dɔʁt]

| em algum lugar | irgendwo | ['ɪʁgənt'vo:] |
| em lugar nenhum | nirgends | ['nɪʁgənts] |

| perto de ... | an | [an] |
| perto da janela | am Fenster | [am 'fɛnstɐ] |

Para onde?	Wohin?	[vo'hɪn]
aqui	hierher	['hi:ɐ'he:ɐ]
para lá	dahin	[da'hɪn]
daqui	von hier	[fɔn hi:ɐ]
de lá, dali	von da	[fɔn da:]

| perto | nah | [na:] |
| longe | weit | [vaɪt] |

perto de ...	in der Nähe von ...	[ɪn de:ɐ 'nɛ:ə fɔn]
à mão, perto	in der Nähe	[ɪn de:ɐ 'nɛ:ə]
não fica longe	unweit	['ʊnvaɪt]

esquerdo (adj)	link	[lɪŋk]
à esquerda	links	[lɪŋks]
para a esquerda	nach links	[na:χ lɪŋks]

direito (adj)	recht	[ʁɛçt]
à direita	rechts	[ʁɛçts]
para a direita	nach rechts	[na:χ ʁɛçts]

em frente	vorne	['fɔʁnə]
da frente	Vorder-	['fɔʁdɐ]
adiante (para a frente)	vorwärts	['fo:ɐvɛʁts]

atrás de ...	hinten	['hɪntən]
de trás	von hinten	[fɔn 'hɪntən]
para trás	rückwärts	['ʁʏk‚vɛʁts]

meio (m), metade (f)	Mitte (f)	['mɪtə]
no meio	in der Mitte	[ɪn de:ɐ 'mɪtə]
do lado	seitlich	['zaɪtlɪç]
em todo lugar	überall	[y:bɐ'ʔal]
por todos os lados	ringsherum	[‚ʁɪŋshɛ'ʁʊm]

de dentro	von innen	[fɔn 'ɪnən]
para algum lugar	irgendwohin	['ɪʁgənt·vo'hɪn]
diretamente	geradeaus	[gəʁa:də'ʔaʊs]
de volta	zurück	[tsu'ʁʏk]

de algum lugar	**irgendwoher**	['ɪʁɡənt·vo'he:ɐ]
de algum lugar	**von irgendwo**	[fɔn ˌɪʁɡənt'vo:]
em primeiro lugar	**erstens**	['e:ɐstəns]
em segundo lugar	**zweitens**	['tsvaɪtəns]
em terceiro lugar	**drittens**	['dʀɪtəns]
de repente	**plötzlich**	['plœtslɪç]
no início	**zuerst**	[tsu'ʔe:ɐst]
pela primeira vez	**zum ersten Mal**	[tsʊm 'e:ɐstən 'ma:l]
muito antes de ...	**lange vor ...**	['laŋə fo:ɐ]
de novo	**von Anfang an**	[fɔn 'anˌfaŋ an]
para sempre	**für immer**	[fy:ɐ 'ɪmɐ]
nunca	**nie**	[ni:]
de novo	**wieder**	['vi:dɐ]
agora	**jetzt**	[jɛtst]
frequentemente	**oft**	[ɔft]
então	**damals**	['da:ma:ls]
urgentemente	**dringend**	['dʀɪŋənt]
normalmente	**gewöhnlich**	[ɡə'vø:nlɪç]
a propósito, ...	**übrigens, ...**	['y:bʀɪɡəns]
é possível	**möglicherweise**	['mø:klɪçɐ'vaɪzə]
provavelmente	**wahrscheinlich**	[va:ɐ'ʃaɪnlɪç]
talvez	**vielleicht**	[fi'laɪçt]
além disso, ...	**außerdem ...**	['aʊsɐde:m]
por isso ...	**deshalb ...**	['dɛs'halp]
apesar de ...	**trotz ...**	[tʀɔts]
graças a ...	**dank ...**	[daŋk]
que (pron.)	**was**	[vas]
que (conj.)	**das**	[das]
algo	**etwas**	['ɛtvas]
alguma coisa	**irgendwas**	['ɪʁɡənt'vas]
nada	**nichts**	[nɪçts]
quem	**wer**	[ve:ɐ]
alguém (~ que ...)	**jemand**	['je:mant]
alguém (com ~)	**irgendwer**	['ɪʁɡənt've:ɐ]
ninguém	**niemand**	['ni:mant]
para lugar nenhum	**nirgends**	['nɪʁɡənts]
de ninguém	**niemandes**	['ni:mandəs]
de alguém	**jemandes**	['je:mandəs]
tão	**so**	[zo:]
também (gostaria ~ de ...)	**auch**	['aʊχ]
também (~ eu)	**ebenfalls**	['e:bənˌfals]

6. Palavras funcionais. Advérbios. Parte 2

Por quê?	**Warum?**	[va'ʀʊm]
por alguma razão	**aus irgendeinem Grund**	['aʊs 'ɪʁɡənt'ʔaɪnəm ɡʀʊnt]

| porque ... | weil ... | [vaɪl] |
| por qualquer razão | zu irgendeinem Zweck | [tsu 'ɪʁɡənt'ʔaɪnəm tsvɛk] |

e (tu ~ eu)	und	[ʊnt]
ou (ser ~ não ser)	oder	['oːdɐ]
mas (porém)	aber	['aːbɐ]
para (~ a minha mãe)	für	[fyːɐ]

muito, demais	zu	[tsuː]
só, somente	nur	[nuːɐ]
exatamente	genau	[ɡə'naʊ]
cerca de (~ 10 kg)	etwa	['ɛtva]

aproximadamente	ungefähr	['ʊngəfɛːɐ]
aproximado (adj)	ungefähr	['ʊngəfɛːɐ]
quase	fast	[fast]
resto (m)	Übrige (n)	['yːbrɪgə]

o outro (segundo)	der andere	[deːɐ 'andəʀə]
outro (adj)	andere	['andəʀə]
cada (adj)	jeder (m)	['jeːdɐ]
qualquer (adj)	beliebig	[bɛ'liːbɪç]
muito, muitos, muitas	viel	[fiːl]
muitas pessoas	viele Menschen	['fiːlə 'mɛnʃən]
todos	alle	['alə]

em troca de ...	im Austausch gegen ...	[ɪm 'aʊsˌtaʊʃ 'geːɡən]
em troca	dafür	[da'fyːɐ]
à mão	mit der Hand	[mɪt deːɐ hant]
pouco provável	schwerlich	['ʃveːɐlɪç]

provavelmente	wahrscheinlich	[vaːɐ'ʃaɪnlɪç]
de propósito	absichtlich	['apˌzɪçtlɪç]
por acidente	zufällig	['tsuːfɛlɪç]

muito	sehr	[zeːɐ]
por exemplo	zum Beispiel	[tsʊm 'baɪʃpiːl]
entre	zwischen	['tsvɪʃən]
entre (no meio de)	unter	['ʊntɐ]
tanto	so viel	[zoː 'fiːl]
especialmente	besonders	[bə'zɔndɐs]

NÚMEROS. DIVERSOS

7. Números cardinais. Parte 1

zero	null	[nʊl]
um	eins	[aɪns]
dois	zwei	[tsvaɪ]
três	drei	[dʀaɪ]
quatro	vier	[fiːɐ]
cinco	fünf	[fʏnf]
seis	sechs	[zɛks]
sete	sieben	[ˈziːbən]
oito	acht	[aχt]
nove	neun	[nɔɪn]
dez	zehn	[tseːn]
onze	elf	[ɛlf]
doze	zwölf	[tsvœlf]
treze	dreizehn	[ˈdʀaɪtseːn]
catorze	vierzehn	[ˈfɪɐtseːn]
quinze	fünfzehn	[ˈfʏnftseːn]
dezesseis	sechzehn	[ˈzɛçtseːn]
dezessete	siebzehn	[ˈziːptseːn]
dezoito	achtzehn	[ˈaχtseːn]
dezenove	neunzehn	[ˈnɔɪntseːn]
vinte	zwanzig	[ˈtsvantsɪç]
vinte e um	einundzwanzig	[ˈaɪn·ʊnt·ˈtsvantsɪç]
vinte e dois	zweiundzwanzig	[ˈtsvaɪ·ʊnt·ˈtsvantsɪç]
vinte e três	dreiundzwanzig	[ˈdʀaɪ·ʊnt·ˈtsvantsɪç]
trinta	dreißig	[ˈdʀaɪsɪç]
trinta e um	einunddreißig	[ˈaɪn·ʊnt·ˈdʀaɪsɪç]
trinta e dois	zweiunddreißig	[ˈtsvaɪ·ʊnt·ˈdʀaɪsɪç]
trinta e três	dreiunddreißig	[ˈdʀaɪ·ʊnt·ˈdʀaɪsɪç]
quarenta	vierzig	[ˈfɪɐtsɪç]
quarenta e um	einundvierzig	[ˈaɪn·ʊnt·ˈfɪɐtsɪç]
quarenta e dois	zweiundvierzig	[ˈtsvaɪ·ʊnt·ˈfɪɐtsɪç]
quarenta e três	dreiundvierzig	[ˈdʀaɪ·ʊnt·ˈfɪɐtsɪç]
cinquenta	fünfzig	[ˈfʏnftsɪç]
cinquenta e um	einundfünfzig	[ˈaɪn·ʊnt·ˈfʏnftsɪç]
cinquenta e dois	zweiundfünfzig	[ˈtsvaɪ·ʊnt·ˈfʏnftsɪç]
cinquenta e três	dreiundfünfzig	[ˈdʀaɪ·ʊnt·ˈfʏnftsɪç]
sessenta	sechzig	[ˈzɛçtsɪç]
sessenta e um	einundsechzig	[ˈaɪn·ʊnt·ˈzɛçtsɪç]

sessenta e dois	zweiundsechzig	['tsvaɪ·ʊnt·'zɛçtsɪç]
sessenta e três	dreiundsechzig	['dʀaɪ·ʊnt·'zɛçtsɪç]
setenta	siebzig	['zi:ptsɪç]
setenta e um	einundsiebzig	['aɪn·ʊnt·'zi:ptsɪç]
setenta e dois	zweiundsiebzig	['tsvaɪ·ʊnt·'zi:ptsɪç]
setenta e três	dreiundsiebzig	['dʀaɪ·ʊnt·'zi:ptsɪç]
oitenta	achtzig	['aχtsɪç]
oitenta e um	einundachtzig	['aɪn·ʊnt·'aχtsɪç]
oitenta e dois	zweiundachtzig	['tsvaɪ·ʊnt·'aχtsɪç]
oitenta e três	dreiundachtzig	['dʀaɪ·ʊnt·'aχtsɪç]
noventa	neunzig	['nɔɪntsɪç]
noventa e um	einundneunzig	['aɪn·ʊnt·'nɔɪntsɪç]
noventa e dois	zweiundneunzig	['tsvaɪ·ʊnt·'nɔɪntsɪç]
noventa e três	dreiundneunzig	['dʀaɪ·ʊnt·'nɔɪntsɪç]

8. Números cardinais. Parte 2

cem	einhundert	['aɪn‚hʊndet]
duzentos	zweihundert	['tsvaɪ‚hʊndet]
trezentos	dreihundert	['dʀaɪ‚hʊndet]
quatrocentos	vierhundert	['fi:ɐ‚hʊndet]
quinhentos	fünfhundert	['fʏnf‚hʊndet]
seiscentos	sechshundert	[zɛks‚hʊndet]
setecentos	siebenhundert	['zi:bən‚hʊndet]
oitocentos	achthundert	['aχt‚hʊndet]
novecentos	neunhundert	['nɔɪn‚hʊndet]
mil	eintausend	['aɪn‚tauzənt]
dois mil	zweitausend	['tsvaɪ‚tauzənt]
três mil	dreitausend	['dʀaɪ‚tauzənt]
dez mil	zehntausend	['tsen‚tauzənt]
cem mil	hunderttausend	['hʊndet‚tauzənt]
um milhão	Million (f)	[mɪ'ljo:n]
um bilhão	Milliarde (f)	[mɪ'lɪaʀdə]

9. Números ordinais

primeiro (adj)	der erste	[de:ɐ 'ɛʀstə]
segundo (adj)	der zweite	[de:ɐ 'tsvaɪtə]
terceiro (adj)	der dritte	[de:ɐ 'dʀɪtə]
quarto (adj)	der vierte	[de:ɐ 'fi:ɐtə]
quinto (adj)	der fünfte	[de:ɐ 'fʏnftə]
sexto (adj)	der sechste	[de:ɐ 'zɛkstə]
sétimo (adj)	der siebte	[de:ɐ 'zi:ptə]
oitavo (adj)	der achte	[de:ɐ 'aχtə]
nono (adj)	der neunte	[de:ɐ 'nɔɪntə]
décimo (adj)	der zehnte	[de:ɐ tse:ntə]

CORES. UNIDADES DE MEDIDA

10. Cores

cor (f)	Farbe (f)	['faʁbə]
tom (m)	Schattierung (f)	[ʃa'tiːʁʊŋ]
tonalidade (m)	Farbton (m)	['faʁpˌtoːn]
arco-íris (m)	Regenbogen (m)	['ʁeːgənˌboːgən]

branco (adj)	weiß	[vaɪs]
preto (adj)	schwarz	[ʃvaʁts]
cinza (adj)	grau	[gʁaʊ]

verde (adj)	grün	[gʁyːn]
amarelo (adj)	gelb	[gɛlp]
vermelho (adj)	rot	[ʁoːt]

azul (adj)	blau	[blaʊ]
azul claro (adj)	hellblau	['hɛlˌblaʊ]
rosa (adj)	rosa	['ʁoːza]
laranja (adj)	orange	[o'ʁaŋʃ]
violeta (adj)	violett	[vɪo'lɛt]
marrom (adj)	braun	[bʁaʊn]

| dourado (adj) | golden | ['gɔldən] |
| prateado (adj) | silbrig | ['zɪlbʁɪç] |

bege (adj)	beige	[beːʃ]
creme (adj)	cremefarben	['kʁɛːmˌfaʁbən]
turquesa (adj)	türkis	[tʏʁ'kiːs]
vermelho cereja (adj)	kirschrot	['kɪʁʃʁoːt]
lilás (adj)	lila	['liːla]
carmim (adj)	himbeerrot	['hɪmbeːɐˌʁoːt]

claro (adj)	hell	[hɛl]
escuro (adj)	dunkel	['dʊŋkəl]
vivo (adj)	grell	[gʁɛl]

de cor	Farb-	['faʁp]
a cores	Farb-	['faʁp]
preto e branco (adj)	schwarz-weiß	['ʃvaʁtsˌvaɪs]
unicolor (de uma só cor)	einfarbig	['aɪnˌfaʁbɪç]
multicolor (adj)	bunt	[bʊnt]

11. Unidades de medida

| peso (m) | Gewicht (n) | [gə'vɪçt] |
| comprimento (m) | Länge (f) | ['lɛŋə] |

largura (f)	Breite (f)	['bʀaɪtə]
altura (f)	Höhe (f)	['høːə]
profundidade (f)	Tiefe (f)	['tiːfə]
volume (m)	Volumen (n)	[voˈluːmən]
área (f)	Fläche (f)	['flɛçə]

grama (m)	Gramm (n)	[gʀam]
miligrama (m)	Milligramm (n)	['mɪliˌgʀam]
quilograma (m)	Kilo (n)	['kiːlo]
tonelada (f)	Tonne (f)	['tɔnə]
libra (453,6 gramas)	Pfund (n)	[pfʊnt]
onça (f)	Unze (f)	['ʊntsə]

metro (m)	Meter (m, n)	['meːtɐ]
milímetro (m)	Millimeter (m)	['mɪliˌmeːtɐ]
centímetro (m)	Zentimeter (m, n)	[ˌtsɛntiˈmeːtɐ]
quilômetro (m)	Kilometer (m)	[ˌkiloˈmeːtɐ]
milha (f)	Meile (f)	['maɪlə]

polegada (f)	Zoll (m)	[tsɔl]
pé (304,74 mm)	Fuß (m)	[fuːs]
jarda (914,383 mm)	Yard (n)	[jaːɐt]

| metro (m) quadrado | Quadratmeter (m) | [kvaˈdʀaːtˌmeːtɐ] |
| hectare (m) | Hektar (n) | ['hɛktaːɐ] |

litro (m)	Liter (m, n)	['liːtɐ]
grau (m)	Grad (m)	[gʀaːt]
volt (m)	Volt (n)	[vɔlt]
ampère (m)	Ampere (n)	[amˈpeːɐ]
cavalo (m) de potência	Pferdestärke (f)	['pfeːɐdəˌʃtɛʁkə]

quantidade (f)	Anzahl (f)	['antsaːl]
um pouco de ...	etwas ...	['ɛtvas]
metade (f)	Hälfte (f)	['hɛlftə]
dúzia (f)	Dutzend (n)	['dʊtsənt]
peça (f)	Stück (n)	[ʃtʏk]

| tamanho (m), dimensão (f) | Größe (f) | ['gʀøːsə] |
| escala (f) | Maßstab (m) | ['maːsˌʃtaːp] |

mínimo (adj)	minimal	[miniˈmaːl]
menor, mais pequeno	der kleinste	[deːɐ 'klaɪnstə]
médio (adj)	mittler, mittel-	['mɪtlɐ], ['mɪtəl]
máximo (adj)	maximal	[maksiˈmaːl]
maior, mais grande	der größte	[deːɐ 'gʀøːstə]

12. Recipientes

pote (m) de vidro	Glas (n)	[glaːs]
lata (~ de cerveja)	Dose (f)	['doːzə]
balde (m)	Eimer (m)	['aɪmɐ]
barril (m)	Fass (n), Tonne (f)	[fas], ['tɔnə]
bacia (~ de plástico)	Waschschüssel (n)	['vaʃʃʏsəl]

tanque (m)	Tank (m)	[taŋk]
cantil (m) de bolso	Flachmann (m)	['flaχman]
galão (m) de gasolina	Kanister (m)	[ka'nɪstɐ]
cisterna (f)	Zisterne (f)	[tsɪs'tɛʀnə]

caneca (f)	Kaffeebecher (m)	['kafe͜bɛçɐ]
xícara (f)	Tasse (f)	['tasə]
pires (m)	Untertasse (f)	['ʊntɐ͜tasə]
copo (m)	Wasserglas (n)	['vasɐ͜glaːs]
taça (f) de vinho	Weinglas (n)	['vaɪn͜glaːs]
panela (f)	Kochtopf (m)	['kɔχ͜tɔpf]

| garrafa (f) | Flasche (f) | ['flaʃə] |
| gargalo (m) | Flaschenhals (m) | ['flaʃən͜hals] |

jarra (f)	Karaffe (f)	[ka'ʀafə]
jarro (m)	Tonkrug (m)	['toːn͜kʀuːk]
recipiente (m)	Gefäß (n)	[gə'fɛːs]
pote (m)	Tontopf (m)	['toːn͜tɔpf]
vaso (m)	Vase (f)	['vaːzə]

frasco (~ de perfume)	Flakon (n)	[fla'kɔŋ]
frasquinho (m)	Fläschchen (n)	['flɛʃçən]
tubo (m)	Tube (f)	['tuːbə]

saco (ex. ~ de açúcar)	Sack (m)	[zak]
sacola (~ plastica)	Tüte (f)	['tyːtə]
maço (de cigarros, etc.)	Schachtel (f)	['ʃaχtəl]

caixa (~ de sapatos, etc.)	Karton (m)	[kaʁ'tɔŋ]
caixote (~ de madeira)	Kiste (f)	['kɪstə]
cesto (m)	Korb (m)	[kɔʁp]

VERBOS PRINCIPAIS

13. Os verbos mais importantes. Parte 1

abrir (vt)	öffnen (vt)	['œfnən]
acabar, terminar (vt)	beenden (vt)	[bə'ʔɛndən]
aconselhar (vt)	raten (vt)	['ʀaːtən]
adivinhar (vt)	richtig raten (vt)	['ʀɪçtɪç 'ʀaːtən]
advertir (vt)	warnen (vt)	['vaʀnən]

ajudar (vt)	helfen (vi)	['hɛlfən]
almoçar (vi)	zu Mittag essen	[tsu 'mɪtaːk 'ɛsən]
alugar (~ um apartamento)	mieten (vt)	['miːtən]
amar (pessoa)	lieben (vt)	['liːbən]
ameaçar (vt)	drohen (vi)	['dʀoːən]

anotar (escrever)	aufschreiben (vt)	['aʊfˌʃʀaɪbən]
apressar-se (vr)	sich beeilen	[zɪç bə'ʔaɪlən]
arrepender-se (vr)	bedauern (vt)	[bə'daʊən]
assinar (vt)	unterschreiben (vt)	[ˌʊntɐ'ʃʀaɪbən]
brincar (vi)	Witz machen	[vɪts 'maxən]

brincar, jogar (vi, vt)	spielen (vi, vt)	['ʃpiːlən]
buscar (vt)	suchen (vt)	['zuːxən]
caçar (vi)	jagen (vi)	['jagən]
cair (vi)	fallen (vi)	['falən]

cavar (vt)	graben (vt)	['gʀaːbən]
chamar (~ por socorro)	rufen (vi)	['ʀuːfən]

chegar (vi)	ankommen (vi)	['anˌkɔmən]
chorar (vi)	weinen (vi)	['vaɪnən]
começar (vt)	beginnen (vt)	[bə'gɪnən]

comparar (vt)	vergleichen (vt)	[fɛɐ'glaɪçən]
concordar (dizer "sim")	zustimmen (vi)	['tsuːˌʃtɪmən]

confiar (vt)	vertrauen (vi)	[fɛɐ'tʀaʊən]
confundir (equivocar-se)	verwechseln (vt)	[fɛɐ'vɛksəln]
conhecer (vt)	kennen (vt)	['kɛnən]
contar (fazer contas)	rechnen (vt)	['ʀɛçnən]

contar com ...	auf ... zählen	[aʊf ... 'tsɛːlən]
continuar (vt)	fortsetzen (vt)	['fɔʀtˌzɛtsən]

controlar (vt)	kontrollieren (vt)	[kɔntʀɔ'liːʀən]
convidar (vt)	einladen (vt)	['aɪnˌlaːdən]
correr (vi)	laufen (vi)	['laʊfən]
criar (vt)	schaffen (vt)	['ʃafən]
custar (vt)	kosten (vt)	['kɔstən]

14. Os verbos mais importantes. Parte 2

dar (vt)	geben (vt)	['ge:bən]
dar uma dica	andeuten (vt)	['an‚dɔɪtən]
decorar (enfeitar)	schmücken (vt)	['ʃmʏkən]
defender (vt)	verteidigen (vt)	[fɛɛ'taɪdɪgən]
deixar cair (vt)	fallen lassen	['falən 'lasən]
descer (para baixo)	herabsteigen (vi)	[hɛ'ʀapˌʃtaɪgən]
desculpar-se (vr)	sich entschuldigen	[zɪç ɛnt'ʃʊldɪgən]
dirigir (~ uma empresa)	leiten (vt)	['laɪtən]
discutir (notícias, etc.)	besprechen (vt)	[bə'ʃpʀɛçən]
disparar, atirar (vi)	schießen (vi)	['ʃi:sən]
dizer (vt)	sagen (vt)	['za:gən]
duvidar (vt)	zweifeln (vi)	['tsvaɪfəln]
encontrar (achar)	finden (vt)	['fɪndən]
enganar (vt)	täuschen (vt)	['tɔɪʃən]
entender (vt)	verstehen (vt)	[fɛɛ'ʃte:ən]
entrar (na sala, etc.)	hereinkommen (vi)	[hɛ'ʀaɪnˌkɔmən]
enviar (uma carta)	abschicken (vt)	['apˌʃɪkən]
errar (enganar-se)	sich irren	[zɪç 'ɪʀən]
escolher (vt)	wählen (vt)	['vɛ:lən]
esconder (vt)	verstecken (vt)	[fɛɛ'ʃtɛkən]
escrever (vt)	schreiben (vi, vt)	['ʃʀaɪbən]
esperar (aguardar)	warten (vi)	['vaʁtən]
esperar (ter esperança)	hoffen (vi)	['hɔfən]
esquecer (vt)	vergessen (vt)	[fɛɛ'gɛsən]
estudar (vt)	lernen (vt)	['lɛʁnən]
exigir (vt)	verlangen (vt)	[fɛɛ'laŋən]
existir (vi)	existieren (vi)	[ˌɛksɪs'ti:ʀən]
explicar (vt)	erklären (vt)	[ɛʁ'klɛ:ʀən]
falar (vi)	sprechen (vi)	['ʃpʀɛçən]
faltar (a la escuela, etc.)	versäumen (vt)	[fɛɛ'zɔɪmən]
fazer (vt)	machen (vt)	['maχən]
ficar em silêncio	schweigen (vi)	['ʃvaɪgən]
gabar-se (vr)	prahlen (vi)	['pʀa:lən]
gostar (apreciar)	gefallen (vi)	[gə'falən]
gritar (vi)	schreien (vi)	['ʃʀaɪən]
guardar (fotos, etc.)	aufbewahren (vt)	['aʊfbəˌva:ʀən]
informar (vt)	informieren (vt)	[ɪnfɔʁ'mi:ʀən]
insistir (vi)	bestehen auf	[bə'ʃte:ən aʊf]
insultar (vt)	kränken (vt)	['kʀɛŋkən]
interessar-se (vr)	sich interessieren	[zɪç ɪntəʀɛ'si:ʀən]
ir (a pé)	gehen (vi)	['ge:ən]
ir nadar	schwimmen gehen	['ʃvɪmən 'ge:ən]
jantar (vi)	zu Abend essen	[tsu 'a:bənt 'ɛsən]

15. Os verbos mais importantes. Parte 3

ler (vt)	lesen (vi, vt)	['le:zən]
libertar, liberar (vt)	befreien (vt)	[bə'fʀaɪən]
matar (vt)	ermorden (vt)	[ɛɐ'mɔʀdən]
mencionar (vt)	erwähnen (vt)	[ɛɐ'vɛ:nən]
mostrar (vt)	zeigen (vt)	['tsaɪgən]

mudar (modificar)	ändern (vt)	['ɛndɐn]
nadar (vi)	schwimmen (vi)	['ʃvɪmən]
negar-se a … (vr)	sich weigern	[zɪç 'vaɪgɐn]
objetar (vt)	einwenden (vt)	['aɪn‚vɛndən]

observar (vt)	beobachten (vt)	[bə'ʔo:baχtən]
ordenar (mil.)	befehlen (vt)	[‚bə'fe:lən]
ouvir (vt)	hören (vt)	['hø:ʀən]
pagar (vt)	zahlen (vt)	['tsa:lən]
parar (vi)	stoppen (vt)	['ʃtɔpən]

parar, cessar (vt)	einstellen (vt)	['aɪnʃtɛlən]
participar (vi)	teilnehmen (vi)	['taɪl‚ne:mən]
pedir (comida, etc.)	bestellen (vt)	[bə'ʃtɛlən]
pedir (um favor, etc.)	bitten (vt)	['bɪtən]
pegar (tomar)	nehmen (vt)	['ne:mən]

pegar (uma bola)	fangen (vt)	['faŋən]
pensar (vi, vt)	denken (vi, vt)	['dɛŋkən]
perceber (ver)	bemerken (vt)	[bə'mɛʀkən]
perdoar (vt)	verzeihen (vt)	[fɛɐ'tsaɪən]
perguntar (vt)	fragen (vt)	['fʀa:gən]

permitir (vt)	erlauben (vt)	[ɛɐ'laʊbən]
pertencer a … (vi)	gehören (vi)	[gə'hø:ʀən]
planejar (vt)	planen (vt)	['pla:nən]
poder (~ fazer algo)	können (v mod)	['kœnən]
possuir (uma casa, etc.)	besitzen (vt)	[bə'zɪtsən]

preferir (vt)	vorziehen (vt)	['foɐ‚tsi:ən]
preparar (vt)	zubereiten (vt)	['tsu:bə‚ʀaɪtən]
prever (vt)	voraussehen (vt)	[fo'ʀaʊs‚ze:ən]
prometer (vt)	versprechen (vt)	[fɛɐ'ʃpʀɛçən]
pronunciar (vt)	aussprechen (vt)	['aʊsʃpʀɛçən]

propor (vt)	vorschlagen (vt)	['fo:ɐʃla:gən]
punir (castigar)	bestrafen (vt)	[bə'ʃtʀa:fən]
quebrar (vt)	brechen (vt)	['bʀɛçən]
queixar-se de …	klagen (vi)	['kla:gən]
querer (desejar)	wollen (vt)	['vɔlən]

16. Os verbos mais importantes. Parte 4

ralhar, repreender (vt)	schelten (vt)	['ʃɛltən]
recomendar (vt)	empfehlen (vt)	[ɛm'pfe:lən]

repetir (dizer outra vez)	noch einmal sagen	[nɔχ 'aɪnmaːl 'zaːgən]
reservar (~ um quarto)	reservieren (vt)	[ʀɛzɛʀ'viːʀən]
responder (vt)	antworten (vi)	['ant‚vɔʀtən]
rezar, orar (vi)	beten (vi)	['beːtən]
rir (vi)	lachen (vi)	['laχən]
roubar (vt)	stehlen (vt)	['ʃteːlən]
saber (vt)	wissen (vt)	['vɪsən]
sair (~ de casa)	ausgehen (vi)	['aʊs‚geːən]
salvar (resgatar)	retten (vt)	['ʀɛtən]
seguir (~ alguém)	folgen (vi)	['fɔlgən]
sentar-se (vr)	sich setzen	[zɪç 'zɛtsən]
ser necessário	nötig sein	['nøːtɪç zaɪn]
ser, estar	sein (vi)	[zaɪn]
significar (vt)	bedeuten (vt)	[bə'dɔɪtən]
sorrir (vi)	lächeln (vi)	['lɛçəln]
subestimar (vt)	unterschätzen (vt)	[‚ʊntə'ʃɛtsən]
surpreender-se (vr)	staunen (vi)	['ʃtaunən]
tentar (~ fazer)	versuchen (vt)	[fɛɐ'zuːχən]
ter (vt)	haben (vt)	[haːbən]
ter fome	hungrig sein	['hʊŋʀɪç zaɪn]
ter medo	Angst haben	['aŋst 'haːbən]
ter sede	Durst haben	['dʊʀst 'haːbən]
tocar (com as mãos)	berühren (vt)	[bə'ʀyːʀən]
tomar café da manhã	frühstücken (vi)	['fʀyːʃtʏkən]
trabalhar (vi)	arbeiten (vi)	['aʀbaɪtən]
traduzir (vt)	übersetzen (vt)	[‚yːbɐ'zɛtsən]
unir (vt)	vereinigen (vt)	[fɛɐ'ʔaɪnɪgən]
vender (vt)	verkaufen (vt)	[fɛɐ'kaufən]
ver (vt)	sehen (vi, vt)	['zeːən]
virar (~ para a direita)	abbiegen (vi)	['ap‚biːgən]
voar (vi)	fliegen (vi)	['fliːgən]

25

TEMPO. CALENDÁRIO

17. Dias da semana

segunda-feira (f)	Montag (m)	['mo:nta:k]
terça-feira (f)	Dienstag (m)	['di:nsta:k]
quarta-feira (f)	Mittwoch (m)	['mɪtvɔχ]
quinta-feira (f)	Donnerstag (m)	['dɔnɛsta:k]
sexta-feira (f)	Freitag (m)	['fʀaɪta:k]
sábado (m)	Samstag (m)	['zamsta:k]
domingo (m)	Sonntag (m)	['zɔnta:k]

hoje	heute	['hɔɪtə]
amanhã	morgen	['mɔʁgən]
depois de amanhã	übermorgen	['y:bɐ͜mɔʁgən]
ontem	gestern	['gɛstɐn]
anteontem	vorgestern	['fo:ɐgɛstɐn]

dia (m)	Tag (m)	[ta:k]
dia (m) de trabalho	Arbeitstag (m)	['aʁbaɪts͜ta:k]
feriado (m)	Feiertag (m)	['faɪɐ͜ta:k]
dia (m) de folga	freier Tag (m)	['fʀaɪɐ ta:k]
fim (m) de semana	Wochenende (n)	['vɔχən͜ʔɛndə]

o dia todo	den ganzen Tag	[den 'gantsən 'ta:k]
no dia seguinte	am nächsten Tag	[am 'nɛ:çstən ta:k]
há dois dias	zwei Tage vorher	[tsvaɪ 'ta:gə 'fo:ɐhe:ɐ]
na véspera	am Vortag	[am 'fo:ɐ͜ta:k]
diário (adj)	täglich	['tɛ:klɪç]
todos os dias	täglich	['tɛ:klɪç]

semana (f)	Woche (f)	['vɔχə]
na semana passada	letzte Woche	['lɛtstə 'vɔχə]
semana que vem	nächste Woche	['nɛ:çstə 'vɔχə]
semanal (adj)	wöchentlich	['vœçəntlɪç]
toda semana	wöchentlich	['vœçəntlɪç]
duas vezes por semana	zweimal pro Woche	['tsvaɪma:l pʀɔ 'vɔχə]
toda terça-feira	jeden Dienstag	['je:dən 'di:nsta:k]

18. Horas. Dia e noite

manhã (f)	Morgen (m)	['mɔʁgən]
de manhã	morgens	['mɔʁgəns]
meio-dia (m)	Mittag (m)	['mɪta:k]
à tarde	nachmittags	['na:χmɪ͜ta:ks]

tardinha (f)	Abend (m)	['a:bənt]
à tardinha	abends	['a:bənts]

noite (f)	Nacht (f)	[naχt]
à noite	nachts	[naχts]
meia-noite (f)	Mitternacht (f)	['mɪtɐˌnaχt]

segundo (m)	Sekunde (f)	[ze'kʊndə]
minuto (m)	Minute (f)	[mi'nu:tə]
hora (f)	Stunde (f)	['ʃtʊndə]
meia hora (f)	eine halbe Stunde	['aɪnə 'halbə 'ʃtʊndə]
quarto (m) de hora	Viertelstunde (f)	['fɪʁtəlˌʃtʊndə]
quinze minutos	fünfzehn Minuten	['fʏnftse:n mi'nu:tən]
vinte e quatro horas	Tag und Nacht	['ta:k ʊnt 'naχt]

nascer (m) do sol	Sonnenaufgang (m)	['zɔnənˌʔaʊfgaŋ]
amanhecer (m)	Morgendämmerung (f)	['mɔʁgənˌdɛmərʊŋ]
madrugada (f)	früher Morgen (m)	['fʁy:ɐ 'mɔʁgən]
pôr-do-sol (m)	Sonnenuntergang (m)	['zɔnənˌʔʊntegaŋ]

de madrugada	früh am Morgen	[fʁy: am 'mɔʁgən]
esta manhã	heute morgen	['hɔɪtə 'mɔʁgən]
amanhã de manhã	morgen früh	['mɔʁgən fʁy:]

esta tarde	heute Mittag	['hɔɪtə 'mɪta:k]
à tarde	nachmittags	['na:χmɪˌta:ks]
amanhã à tarde	morgen Nachmittag	['mɔʁgən 'na:χmɪˌta:k]

esta noite, hoje à noite	heute Abend	['hɔɪtə 'a:bənt]
amanhã à noite	morgen Abend	['mɔʁgən 'a:bənt]

às três horas em ponto	Punkt drei Uhr	[pʊŋkt dʁaɪ u:ɐ]
por volta das quatro	gegen vier Uhr	['ge:gn fi:ɐ u:ɐ]
às doze	um zwölf Uhr	[ʊm tsvœlf u:ɐ]

em vinte minutos	in zwanzig Minuten	[ɪn 'tsvantsɪç mi'nu:tən]
em uma hora	in einer Stunde	[ɪn 'aɪnɐ 'ʃtʊndə]
a tempo	rechtzeitig	['ʁɛçtˌtsaɪtɪç]

... um quarto para	Viertel vor ...	['fɪʁtəl fo:ɐ]
dentro de uma hora	innerhalb einer Stunde	['ɪnɐhalp 'aɪnɐ 'ʃtʊndə]
a cada quinze minutos	alle fünfzehn Minuten	['alə 'fʏnftse:n mi'nu:tən]
as vinte e quatro horas	Tag und Nacht	['ta:k ʊnt 'naχt]

19. Meses. Estações

janeiro (m)	Januar (m)	['janua:ɐ]
fevereiro (m)	Februar (m)	['fe:bʁua:ɐ]
março (m)	März (m)	[mɛʁts]
abril (m)	April (m)	[a'pʁɪl]
maio (m)	Mai (m)	[maɪ]
junho (m)	Juni (m)	['ju:ni]

julho (m)	Juli (m)	['ju:li]
agosto (m)	August (m)	[aʊ'gʊst]
setembro (m)	September (m)	[zɛp'tɛmbɐ]
outubro (m)	Oktober (m)	[ɔk'to:bɐ]

novembro (m)	November (m)	[noˈvɛmbɐ]
dezembro (m)	Dezember (m)	[deˈtsɛmbɐ]
primavera (f)	Frühling (m)	[ˈfʀyːlɪŋ]
na primavera	im Frühling	[ɪm ˈfʀyːlɪŋ]
primaveril (adj)	Frühlings-	[ˈfʀyːlɪŋs]
verão (m)	Sommer (m)	[ˈzɔmɐ]
no verão	im Sommer	[ɪm ˈzɔmɐ]
de verão	Sommer-	[ˈzɔmɐ]
outono (m)	Herbst (m)	[hɛʁpst]
no outono	im Herbst	[ɪm hɛʁpst]
outonal (adj)	Herbst-	[hɛʁpst]
inverno (m)	Winter (m)	[ˈvɪntɐ]
no inverno	im Winter	[ɪm ˈvɪntɐ]
de inverno	Winter-	[ˈvɪntɐ]
mês (m)	Monat (m)	[ˈmoːnat]
este mês	in diesem Monat	[ɪn ˈdiːzəm ˈmoːnat]
mês que vem	nächsten Monat	[ˈnɛːçstən ˈmoːnat]
no mês passado	letzten Monat	[ˈlɛtstən ˈmoːnat]
um mês atrás	vor einem Monat	[foːɐ ˈaɪnəm ˈmoːnat]
em um mês	über eine Monat	[ˈyːbɐ ˈaɪnə ˈmoːnat]
em dois meses	in zwei Monaten	[ɪn tsvaɪ ˈmoːnatən]
todo o mês	einen ganzen Monat	[ˈaɪnən ˈgantsən ˈmoːnat]
um mês inteiro	den ganzen Monat	[deːn ˈgantsən ˈmoːnat]
mensal (adj)	monatlich	[ˈmoːnatlɪç]
mensalmente	monatlich	[ˈmoːnatlɪç]
todo mês	jeden Monat	[ˈjeːdən ˈmoːnat]
duas vezes por mês	zweimal pro Monat	[ˈtsvaɪmaːl pʀɔ ˈmoːnat]
ano (m)	Jahr (n)	[jaːɐ]
este ano	dieses Jahr	[ˈdiːzəs jaːɐ]
ano que vem	nächstes Jahr	[ˈnɛːçstəs jaːɐ]
no ano passado	voriges Jahr	[ˈfoːʀɪgəs jaːɐ]
há um ano	vor einem Jahr	[foːɐ ˈaɪnəm jaːɐ]
em um ano	in einem Jahr	[ɪn ˈaɪnəm jaːɐ]
dentro de dois anos	in zwei Jahren	[ɪn tsvaɪ ˈjaːʀən]
todo o ano	ein ganzes Jahr	[aɪn ˈgantsəs jaːɐ]
um ano inteiro	das ganze Jahr	[das ˈgantsə jaːɐ]
cada ano	jedes Jahr	[ˈjeːdəs jaːɐ]
anual (adj)	jährlich	[ˈjɛːɐlɪç]
anualmente	jährlich	[ˈjɛːɐlɪç]
quatro vezes por ano	viermal pro Jahr	[ˈfiːɐmaːl pʀɔ jaːɐ]
data (~ de hoje)	Datum (n)	[ˈdaːtʊm]
data (ex. ~ de nascimento)	Datum (n)	[ˈdaːtʊm]
calendário (m)	Kalender (m)	[kaˈlɛndɐ]
meio ano	ein halbes Jahr	[aɪn ˈhalbəs jaːɐ]
seis meses	Halbjahr (n)	[ˈhalpˌjaːɐ]

| estação (f) | **Saison** (f) | [zɛ'zɔŋ] |
| século (m) | **Jahrhundert** (n) | [jaːɐ'hʊndɐt] |

VIAGENS. HOTEL

20. Viagens

turismo (m)	Tourismus (m)	[tu'ʀɪsmʊs]
turista (m)	Tourist (m)	[tu'ʀɪst]
viagem (f)	Reise (f)	['ʀaɪzə]
aventura (f)	Abenteuer (n)	['a:bəntɔɪɐ]
percurso (curta viagem)	Fahrt (f)	[fa:ɐt]

férias (f pl)	Urlaub (m)	['u:ɐˌlaʊp]
estar de férias	auf Urlaub sein	[aʊf 'u:ɐˌlaʊp zaɪn]
descanso (m)	Erholung (f)	[ɛɐ'ho:lʊŋ]

trem (m)	Zug (m)	[tsu:k]
de trem (chegar ~)	mit dem Zug	[mɪt dem tsu:k]
avião (m)	Flugzeug (n)	['flu:kˌtsɔɪk]
de avião	mit dem Flugzeug	[mɪt dem 'flu:kˌtsɔɪk]
de carro	mit dem Auto	[mɪt dem 'aʊto]
de navio	mit dem Schiff	[mɪt dem ʃɪf]

bagagem (f)	Gepäck (n)	[gə'pɛk]
mala (f)	Koffer (m)	['kɔfɐ]
carrinho (m)	Gepäckwagen (m)	[gə'pɛkˌva:gən]

passaporte (m)	Pass (m)	[pas]
visto (m)	Visum (n)	['vi:zʊm]
passagem (f)	Fahrkarte (f)	['fa:ɐˌkaɐtə]
passagem (f) aérea	Flugticket (n)	['flu:kˌtɪkət]

guia (m) de viagem	Reiseführer (m)	['ʀaɪzəˌfy:ʀɐ]
mapa (m)	Landkarte (f)	['lantˌkaɐtə]
área (f)	Gegend (f)	['ge:gənt]
lugar (m)	Ort (m)	[ɔɐt]

exotismo (m)	Exotika (pl)	[ɛ'kso:tika]
exótico (adj)	exotisch	[ɛ'kso:tɪʃ]
surpreendente (adj)	erstaunlich	[ɛɐ'ʃtaʊnlɪç]

grupo (m)	Gruppe (f)	['gʀʊpə]
excursão (f)	Ausflug (m)	['aʊsˌflu:k]
guia (m)	Reiseleiter (m)	['ʀaɪzəˌlaɪtɐ]

21. Hotel

hotel (m)	Hotel (n)	[ho'tɛl]
motel (m)	Motel (n)	[mo'tɛl]
três estrelas	drei Sterne	[dʀaɪ 'ʃtɛɐnə]

cinco estrelas	fünf Sterne	[fynf 'ʃtɛʁnə]
ficar (vi, vt)	absteigen (vi)	['apˌʃtaɪgən]

quarto (m)	Hotelzimmer (n)	[ho'tɛlˌtsɪmɐ]
quarto (m) individual	Einzelzimmer (n)	['aɪntsəlˌtsɪmɐ]
quarto (m) duplo	Zweibettzimmer (n)	['tsvaɪbɛtˌtsɪmɐ]
reservar um quarto	reservieren (vt)	[ʀezɛʁ'viːʀən]

meia pensão (f)	Halbpension (f)	['halpˈpanˌzjoːn]
pensão (f) completa	Vollpension (f)	['fɔlˈpanˌzjoːn]

com banheira	mit Bad	[mɪt 'baːt]
com chuveiro	mit Dusche	[mɪt 'duːʃə]
televisão (m) por satélite	Satellitenfernsehen (n)	[zatɛ'liːtənˌfɛʁnzeːən]
ar (m) condicionado	Klimaanlage (f)	['kliːmaˌʔanlaːgə]
toalha (f)	Handtuch (n)	['hantˌtuːx]
chave (f)	Schlüssel (m)	['ʃlʏsəl]

administrador (m)	Verwalter (m)	[fɛɐ'valtɐ]
camareira (f)	Zimmermädchen (n)	['tsɪmɐˌmɛːtçən]
bagageiro (m)	Träger (m)	['tʀɛːgɐ]
porteiro (m)	Portier (m)	[pɔʁ'tiɐ]

restaurante (m)	Restaurant (n)	[ʀɛsto'ʀaŋ]
bar (m)	Bar (f)	[baːɐ]
café (m) da manhã	Frühstück (n)	['fʀyːʃtʏk]
jantar (m)	Abendessen (n)	['aːbəntˌʔɛsən]
bufê (m)	Buffet (n)	[bʏ'feː]

saguão (m)	Foyer (n)	[foa'jeː]
elevador (m)	Aufzug (m), Fahrstuhl (m)	['aʊfˌtsuːk], ['faːɐˌʃtuːl]

NÃO PERTURBE	BITTE NICHT STÖREN!	['bɪtə nɪçt 'ʃtøːʀən]
PROIBIDO FUMAR!	RAUCHEN VERBOTEN!	['ʀaʊxən fɛɐ'boːtən]

22. Turismo

monumento (m)	Denkmal (n)	['dɛŋkˌmaːl]
fortaleza (f)	Festung (f)	['fɛstʊŋ]
palácio (m)	Palast (m)	[pa'last]
castelo (m)	Schloss (n)	[ʃlɔs]
torre (f)	Turm (m)	[tʊʁm]
mausoléu (m)	Mausoleum (n)	[ˌmaʊzo'leːʊm]

arquitetura (f)	Architektur (f)	[aʁçitɛk'tuːɐ]
medieval (adj)	mittelalterlich	['mɪtəlˌʔaltelɪç]
antigo (adj)	alt	[alt]
nacional (adj)	national	[natsjo'naːl]
famoso, conhecido (adj)	berühmt	[bə'ʀyːmt]

turista (m)	Tourist (m)	[tu'ʀɪst]
guia (pessoa)	Fremdenführer (m)	['fʀɛmdənˌfyːʀɐ]
excursão (f)	Ausflug (m)	['aʊsˌfluːk]
mostrar (vt)	zeigen (vt)	['tsaɪgən]

contar (vt)	erzählen (vt)	[ɛɐ'tsɛːlən]
encontrar (vt)	finden (vt)	['fɪndən]
perder-se (vr)	sich verlieren	[zɪç fɛɐ'liːbən]
mapa (~ do metrô)	Karte (f)	['kaʁtə]
mapa (~ da cidade)	Karte (f)	['kaʁtə]
lembrança (f), presente (m)	Souvenir (n)	[zuvə‚niːɐ]
loja (f) de presentes	Souvenirladen (m)	[zuvə‚niːɐ'laːdən]
tirar fotos, fotografar	fotografieren (vt)	[fotoɡʀa'fiːʀən]
fotografar-se (vr)	sich fotografieren	[zɪç fotoɡʀa'fiːʀən]

TRANSPORTES

23. Aeroporto

aeroporto (m)	Flughafen (m)	['flu:kˌha:fən]
avião (m)	Flugzeug (n)	['flu:kˌtsɔɪk]
companhia (f) aérea	Fluggesellschaft (f)	['flu:kgəˌzɛlʃaft]
controlador (m)	Fluglotse (m)	['flu:kˌlo:tsə]
de tráfego aéreo		

partida (f)	Abflug (m)	['apˌflu:k]
chegada (f)	Ankunft (f)	['ankʊnft]
chegar (vi)	anfliegen (vi)	['anˌfli:gən]

hora (f) de partida	Abflugzeit (f)	['apflu:kˌtsaɪt]
hora (f) de chegada	Ankunftszeit (f)	['ankʊnftsˌtsaɪt]

estar atrasado	sich verspäten	[zɪç fɛɐ'ʃpɛːtən]
atraso (m) de voo	Abflugverspätung (f)	['apflu:k·fɛɐ'ʃpɛːtʊŋ]

painel (m) de informação	Anzeigetafel (f)	['antsaɪgəˌta:fəl]
informação (f)	Information (f)	[ɪnfɔʁma'tsjo:n]
anunciar (vt)	ankündigen (vt)	['ankʏndɪgən]
voo (m)	Flug (m)	[flu:k]

alfândega (f)	Zollamt (n)	['tsɔlˌʔamt]
funcionário (m) da alfândega	Zollbeamter (m)	['tsɔl·bəˌʔamtɐ]

declaração (f) alfandegária	Zolldeklaration (f)	['tsɔl·deklaʁa'tsjo:n]
preencher (vt)	ausfüllen (vt)	['aʊsˌfʏlən]
preencher a declaração	die Zollerklärung ausfüllen	[di 'tsɔl·ɛɐ'klɛːʁʊŋ 'aʊsˌfʏlən]
controle (m) de passaporte	Passkontrolle (f)	['pas·kɔnˌtʁɔlə]

bagagem (f)	Gepäck (n)	[gə'pɛk]
bagagem (f) de mão	Handgepäck (n)	['hant·gəˌpɛk]
carrinho (m)	Kofferkuli (m)	['kɔfɐˌku:li]

pouso (m)	Landung (f)	['landʊŋ]
pista (f) de pouso	Landebahn (f)	['landəˌba:n]
aterrissar (vi)	landen (vi)	['landən]
escada (f) de avião	Fluggasttreppe (f)	['flu:kgastˌtʁɛpə]

check-in (m)	Check-in (n)	[tʃɛk'ʔin]
balcão (m) do check-in	Check-in-Schalter (m)	[tʃɛk'ʔin 'ʃaltɐ]
fazer o check-in	sich registrieren lassen	[zɪç ʁegɪs'tʁi:ʁən 'lasən]
cartão (m) de embarque	Bordkarte (f)	['bɔʁtˌkaʁtɐ]
portão (m) de embarque	Abfluggate (n)	['apflu:kˌgeɪt]

trânsito (m)	Transit (m)	[tʁan'zi:t]
esperar (vi, vt)	warten (vi)	['vaʁtən]

sala (f) de espera	Wartesaal (m)	['vaʁtə‚za:l]
despedir-se (acompanhar)	begleiten (vt)	[bə'glaɪtən]
despedir-se (dizer adeus)	sich verabschieden	[zɪç fɛɐ'apʃi:dən]

24. Avião

avião (m)	Flugzeug (n)	['flu:k‚tsɔɪk]
passagem (f) aérea	Flugticket (n)	['flu:k‚tɪkət]
companhia (f) aérea	Fluggesellschaft (f)	['flu:kgə‚zɛlʃaft]
aeroporto (m)	Flughafen (m)	['flu:k‚ha:fən]
supersônico (adj)	Überschall-	['y:bə‚ʃal]

comandante (m) do avião	Flugkapitän (m)	['flu:k·kapi‚tɛ:n]
tripulação (f)	Besatzung (f)	[bə'zatsʊŋ]
piloto (m)	Pilot (m)	[pi'lo:t]
aeromoça (f)	Flugbegleiterin (f)	['flu:k·bə‚glaɪtəʁɪn]
copiloto (m)	Steuermann (m)	['ʃtɔɪɐ‚man]

asas (f pl)	Flügel (pl)	['fly:gəl]
cauda (f)	Schwanz (m)	[ʃvants]
cabine (f)	Kabine (f)	[ka'bi:nə]
motor (m)	Motor (m)	['mo:to:ɐ]

| trem (m) de pouso | Fahrgestell (n) | ['fa:ɐ·gə‚ʃtɛl] |
| turbina (f) | Turbine (f) | [tʊʁ'bi:nə] |

| hélice (f) | Propeller (m) | [pʁo'pɛlɐ] |
| caixa-preta (f) | Flugschreiber (m) | ['flu:k‚ʃʁaɪbɐ] |

| coluna (f) de controle | Steuerrad (n) | ['ʃtɔɪɐ‚ʁa:t] |
| combustível (m) | Treibstoff (m) | ['tʁaɪp‚ʃtɔf] |

instruções (f pl) de segurança	Sicherheitskarte (f)	['zɪçɐhaɪts‚kaʁtə]
máscara (f) de oxigênio	Sauerstoffmaske (f)	['zaʊɐʃtɔf‚maskə]
uniforme (m)	Uniform (f)	['ʊni‚fɔʁm]

| colete (m) salva-vidas | Rettungsweste (f) | ['ʁɛtʊŋs‚vɛstə] |
| paraquedas (m) | Fallschirm (m) | ['fal‚ʃɪʁm] |

decolagem (f)	Abflug, Start (m)	['ap‚flu:k], [ʃtaʁt]
descolar (vi)	starten (vi)	['ʃtaʁtən]
pista (f) de decolagem	Startbahn (f)	['ʃtaʁtba:n]

| visibilidade (f) | Sicht (f) | [zɪçt] |
| voo (m) | Flug (m) | [flu:k] |

| altura (f) | Höhe (f) | ['hø:ə] |
| poço (m) de ar | Luftloch (n) | ['lʊft‚lɔx] |

assento (m)	Platz (m)	[plats]
fone (m) de ouvido	Kopfhörer (m)	['kɔpf‚hø:ʁɐ]
mesa (f) retrátil	Klapptisch (m)	['klap‚tɪʃ]
janela (f)	Bullauge (n)	['bʊl‚ʔaʊgə]
corredor (m)	Durchgang (m)	['dʊʁç‚gaŋ]

25. Comboio

trem (m)	Zug (m)	[tsu:k]
trem (m) elétrico	elektrischer Zug (m)	[e'lɛktʀɪʃe tsu:k]
trem (m)	Schnellzug (m)	['ʃnɛl̩ˌtsu:k]
locomotiva (f) diesel	Diesellok (f)	['di:zəl̩ˌlɔk]
locomotiva (f) a vapor	Dampflok (f)	['dampf̩ˌlɔk]
vagão (f) de passageiros	Personenwagen (m)	[pɛʀ'zo:nənˌva:gən]
vagão-restaurante (m)	Speisewagen (m)	['ʃpaɪzəˌva:gən]
carris (m pl)	Schienen (pl)	['ʃi:nən]
estrada (f) de ferro	Eisenbahn (f)	['aɪzən·ba:n]
travessa (f)	Bahnschwelle (f)	['ba:nʃvɛlə]
plataforma (f)	Bahnsteig (m)	['ba:nʃtaɪk]
linha (f)	Gleis (n)	['glaɪs]
semáforo (m)	Eisenbahnsignal (n)	['aɪzənba:n·zɪ'gna:l]
estação (f)	Station (f)	[ʃta'tsjo:n]
maquinista (m)	Lokführer (m)	['lɔkˌfy:ʀe]
bagageiro (m)	Träger (m)	['tʀɛ:ge]
hospedeiro, -a (m, f)	Schaffner (m)	['ʃafne]
passageiro (m)	Fahrgast (m)	['fa:eˌgast]
revisor (m)	Kontrolleur (m)	[kɔntʀɔ'lø:e]
corredor (m)	Flur (m)	[flu:e]
freio (m) de emergência	Notbremse (f)	['no:tˌbʀɛmzə]
compartimento (m)	Abteil (n)	[ap'taɪl]
cama (f)	Liegeplatz (m), Schlafkoje (f)	['li:gəˌplats], ['ʃla:fˌko:jə]
cama (f) de cima	oberer Liegeplatz (m)	['o:bəʀe 'li:gəˌplats]
cama (f) de baixo	unterer Liegeplatz (m)	['ʊntəʀe 'li:gəˌplats]
roupa (f) de cama	Bettwäsche (f)	['bɛtˌvɛʃə]
passagem (f)	Fahrkarte (f)	['fa:eˌkaʀtə]
horário (m)	Fahrplan (m)	['fa:eˌpla:n]
painel (m) de informação	Anzeigetafel (f)	['antsaɪgəˌta:fəl]
partir (vt)	abfahren (vi)	['apˌfa:ʀən]
partida (f)	Abfahrt (f)	['apˌfa:et]
chegar (vi)	ankommen (vi)	['anˌkɔmən]
chegada (f)	Ankunft (f)	['ankʊnft]
chegar de trem	mit dem Zug kommen	[mɪt dem tsu:k 'kɔmən]
pegar o trem	in den Zug einsteigen	[ɪn den tsu:k 'aɪnʃtaɪgən]
descer de trem	aus dem Zug aussteigen	['aʊs dem tsu:k 'aʊsʃtaɪgən]
acidente (m) ferroviário	Zugunglück (n)	['tsu:k?ʊnˌglʏk]
descarrilar (vi)	entgleisen (vi)	[ɛnt'glaɪzən]
locomotiva (f) a vapor	Dampflok (f)	['dampf̩ˌlɔk]
foguista (m)	Heizer (m)	['haɪtse]
fornalha (f)	Feuerbuchse (f)	['fɔɪeˌbʊksə]
carvão (m)	Kohle (f)	['ko:lə]

26. Barco

navio (m)	Schiff (n)	[ʃɪf]
embarcação (f)	Fahrzeug (n)	['faːɐˌtsɔɪk]
barco (m) a vapor	Dampfer (m)	['dampfɐ]
barco (m) fluvial	Motorschiff (n)	['moːtoːɐˌʃɪf]
transatlântico (m)	Kreuzfahrtschiff (n)	['kʁɔɪtsfaːɐtˌʃɪf]
cruzeiro (m)	Kreuzer (m)	['kʁɔɪtsɐ]
iate (m)	Jacht (f)	[jaχt]
rebocador (m)	Schlepper (m)	['ʃlɛpɐ]
barcaça (f)	Lastkahn (m)	[lastˌkaːn]
ferry (m)	Fähre (f)	['fɛːʁə]
veleiro (m)	Segelschiff (n)	['zeːgəlˌʃɪf]
bergantim (m)	Brigantine (f)	[bʁigan'tiːnə]
quebra-gelo (m)	Eisbrecher (m)	['aɪsˌbʁɛçɐ]
submarino (m)	U-Boot (n)	['uːboːt]
bote, barco (m)	Boot (n)	['boːt]
baleeira (bote salva-vidas)	Dingi (n)	['dɪŋgi]
bote (m) salva-vidas	Rettungsboot (n)	['ʁɛtʊŋsˌboːt]
lancha (f)	Motorboot (n)	['moːtoːɐˌboːt]
capitão (m)	Kapitän (m)	[kapi'tɛn]
marinheiro (m)	Matrose (m)	[ma'tʁoːzə]
marujo (m)	Seemann (m)	['zeːman]
tripulação (f)	Besatzung (f)	[bə'zatsʊŋ]
contramestre (m)	Bootsmann (m)	['boːtsman]
grumete (m)	Schiffsjunge (m)	['ʃɪfsˌjʊŋə]
cozinheiro (m) de bordo	Schiffskoch (m)	['ʃɪfsˌkɔχ]
médico (m) de bordo	Schiffsarzt (m)	['ʃɪfsˌʔaʁtst]
convés (m)	Deck (n)	[dɛk]
mastro (m)	Mast (m)	[mast]
vela (f)	Segel (n)	[zeːgəl]
porão (m)	Schiffsraum (m)	['ʃɪfsˌʁaʊm]
proa (f)	Bug (m)	[buːk]
popa (f)	Heck (n)	[hɛk]
remo (m)	Ruder (n)	['ʁuːdɐ]
hélice (f)	Schraube (f)	['ʃʁaʊbə]
cabine (m)	Kajüte (f)	[ka'jyːtə]
sala (f) dos oficiais	Messe (f)	['mɛsə]
sala (f) das máquinas	Maschinenraum (m)	[ma'ʃiːnənˌʁaʊm]
ponte (m) de comando	Brücke (f)	['bʁʏkə]
sala (f) de comunicações	Funkraum (m)	['fʊŋkˌʁaʊm]
onda (f)	Radiowelle (f)	['ʁaːdɪoˌvɛlə]
diário (m) de bordo	Schiffstagebuch (n)	['ʃɪfsˌtaːgəbuːχ]
luneta (f)	Fernrohr (n)	['fɛʁnˌʁoːɐ]
sino (m)	Glocke (f)	['glɔkə]

bandeira (f)	Fahne (f)	['fa:nə]
cabo (m)	Seil (n)	[zaɪl]
nó (m)	Knoten (m)	['kno:tən]

| corrimão (m) | Geländer (n) | [gə'lɛndɐ] |
| prancha (f) de embarque | Treppe (f) | ['tʀɛpə] |

âncora (f)	Anker (m)	['aŋkɐ]
recolher a âncora	den Anker lichten	[den 'aŋkɐ 'lɪçtən]
jogar a âncora	Anker werfen	['aŋkɐ ˌvɛʀfən]
amarra (corrente de âncora)	Ankerkette (f)	['aŋkɐˌkɛtə]

porto (m)	Hafen (m)	['ha:fən]
cais, amarradouro (m)	Anlegestelle (f)	['anle:gəˌʃtɛlə]
atracar (vi)	anlegen (vi)	['anˌle:gən]
desatracar (vi)	abstoßen (vt)	['apˌʃto:sən]

viagem (f)	Reise (f)	['ʀaɪzə]
cruzeiro (m)	Kreuzfahrt (f)	['kʀɔɪtsˌfa:ɐt]
rumo (m)	Kurs (m)	[kʊʀs]
itinerário (m)	Reiseroute (f)	['ʀaɪzəˌʀu:tə]

canal (m) de navegação	Fahrwasser (n)	['fa:ɐˌvasɐ]
banco (m) de areia	Untiefe (f)	['ʊnˌti:fə]
encalhar (vt)	stranden (vi)	['ʃtʀandən]

tempestade (f)	Sturm (m)	[ʃtʊʀm]
sinal (m)	Signal (n)	[zɪ'gna:l]
afundar-se (vr)	untergehen (vi)	['ʊntɐˌge:ən]
Homem ao mar!	Mann über Bord!	[man 'y:bɐ bɔʀt]
SOS	SOS	[ɛso:'ʔɛs]
boia (f) salva-vidas	Rettungsring (m)	['ʀɛtʊŋsˌʀɪŋ]

CIDADE

27. Transportes urbanos

ônibus (m)	Bus (m)	[bʊs]
bonde (m) elétrico	Straßenbahn (f)	['ʃtʀaːsənˌbaːn]
trólebus (m)	Obus (m)	['oːbʊs]
rota (f), itinerário (m)	Linie (f)	['liːniə]
número (m)	Nummer (f)	['nʊmɐ]
ir de … (carro, etc.)	mit … fahren	[mɪt … 'faːʀən]
entrar no …	einsteigen (vi)	['aɪnˌʃtaɪɡən]
descer do …	aussteigen (vi)	['aʊsˌʃtaɪɡən]
parada (f)	Haltestelle (f)	['haltəˌʃtɛlə]
próxima parada (f)	nächste Haltestelle (f)	['nɛːçstə 'haltəˌʃtɛlə]
terminal (m)	Endhaltestelle (f)	['ɛntˌhaltəʃtɛlə]
horário (m)	Fahrplan (m)	['faːɐˌplaːn]
esperar (vt)	warten (vi, vt)	['vaʀtən]
passagem (f)	Fahrkarte (f)	['faːɐˌkaʀtə]
tarifa (f)	Fahrpreis (m)	['faːɐˌpʀaɪs]
bilheteiro (m)	Kassierer (m)	[ka'siːʀɐ]
controle (m) de passagens	Fahrkartenkontrolle (f)	['faːɐˌkaʀtən·kɔn'tʀɔlə]
revisor (m)	Kontrolleur (m)	[kɔntʀɔ'løːɐ]
atrasar-se (vr)	sich verspäten	[zɪç fɛɐ'ʃpɛːtən]
perder (o autocarro, etc.)	versäumen (vt)	[fɛɐ'zɔɪmən]
estar com pressa	sich beeilen	[zɪç bə'ʔaɪlən]
táxi (m)	Taxi (n)	['taksi]
taxista (m)	Taxifahrer (m)	['taksiˌfaːʀɐ]
de táxi (ir ~)	mit dem Taxi	[mɪt dem 'taksi]
ponto (m) de táxis	Taxistand (m)	['taksiˌʃtant]
chamar um táxi	ein Taxi rufen	[aɪn 'taksi 'ʀuːfən]
pegar um táxi	ein Taxi nehmen	[aɪn 'taksi 'neːmən]
tráfego (m)	Straßenverkehr (m)	['ʃtʀaːsən·fɛɐˌkeːɐ]
engarrafamento (m)	Stau (m)	[ʃtaʊ]
horas (f pl) de pico	Hauptverkehrszeit (f)	['haʊpt·fɛɐ'keːɐsˌtsaɪt]
estacionar (vi)	parken (vi)	['paʀkən]
estacionar (vt)	parken (vt)	['paʀkən]
parque (m) de estacionamento	Parkplatz (m)	['paʀkˌplats] ˘
metrô (m)	U-Bahn (f)	['uːbaːn]
estação (f)	Station (f)	[ʃta'tsjoːn]
ir de metrô	mit der U-Bahn fahren	[mɪt deːɐ 'uːbaːn 'faːʀən]
trem (m)	Zug (m)	[tsuːk]
estação (f) de trem	Bahnhof (m)	['baːnˌhoːf]

28. Cidade. Vida na cidade

cidade (f)	Stadt (f)	[ʃtat]
capital (f)	Hauptstadt (f)	['haʊptˌʃtat]
aldeia (f)	Dorf (n)	[dɔʁf]

mapa (m) da cidade	Stadtplan (m)	['ʃtatˌplaːn]
centro (m) da cidade	Stadtzentrum (n)	['ʃtatˌtsɛntʁʊm]
subúrbio (m)	Vorort (m)	['foːɐˌʔɔʁt]
suburbano (adj)	Vorort-	['foːɐˌʔɔʁt]

periferia (f)	Stadtrand (m)	['ʃtatˌʁant]
arredores (m pl)	Umgebung (f)	[ʊm'geːbʊŋ]
quarteirão (m)	Stadtviertel (n)	['ʃtatˌfɪʁtəl]
quarteirão (m) residencial	Wohnblock (m)	['voːnˌblɔk]

tráfego (m)	Straßenverkehr (m)	['ʃtʁaːsənˌfɛɐ̯keːɐ̯]
semáforo (m)	Ampel (f)	['ampəl]
transporte (m) público	Stadtverkehr (m)	['ʃtatˌfɛɐ̯keːɐ̯]
cruzamento (m)	Straßenkreuzung (f)	['ʃtʁaːsənˌkʁɔɪtsʊŋ]

faixa (f)	Übergang (m)	['yːbɐˌgaŋ]
túnel (m) subterrâneo	Fußgängerunterführung (f)	['fuːsˌgɛŋɐ-ʊntɐ'fyːʁʊŋ]
cruzar, atravessar (vt)	überqueren (vt)	[yːbɐ'kveːʁən]
pedestre (m)	Fußgänger (m)	['fuːsˌgɛŋɐ]
calçada (f)	Gehweg (m)	['geːˌveːk]

ponte (f)	Brücke (f)	['bʁʏkə]
margem (f) do rio	Kai (m)	[kaɪ]
fonte (f)	Springbrunnen (m)	['ʃpʁɪŋˌbʁʊnən]

alameda (f)	Allee (f)	[a'leː]
parque (m)	Park (m)	[paʁk]
bulevar (m)	Boulevard (m)	[bulə'vaːɐ̯]
praça (f)	Platz (m)	[plats]
avenida (f)	Avenue (f)	[avə'nyː]
rua (f)	Straße (f)	['ʃtʁaːsə]
travessa (f)	Gasse (f)	['gasə]
beco (m) sem saída	Sackgasse (f)	['zakˌgasə]

casa (f)	Haus (n)	[haʊs]
edifício, prédio (m)	Gebäude (n)	[gə'bɔɪdə]
arranha-céu (m)	Wolkenkratzer (m)	['vɔlkənˌkʁatsɐ]

fachada (f)	Fassade (f)	[fa'saːdə]
telhado (m)	Dach (n)	[daχ]
janela (f)	Fenster (n)	['fɛnstɐ]
arco (m)	Bogen (m)	['boːgən]
coluna (f)	Säule (f)	['zɔɪlə]
esquina (f)	Ecke (f)	['ɛkə]

vitrine (f)	Schaufenster (n)	['ʃaʊˌfɛnstɐ]
letreiro (m)	Firmenschild (n)	['fɪʁmənˌʃɪlt]
cartaz (do filme, etc.)	Anschlag (m)	['anˌʃlaːk]
cartaz (m) publicitário	Werbeposter (m)	['vɛʁbəˌpoːstɐ]

painel (m) publicitário	Werbeschild (n)	['vɛʁbəʃɪlt]
lixo (m)	Müll (m)	[mʏl]
lata (f) de lixo	Mülleimer (m)	['mʏl͵ʔaɪmɐ]
jogar lixo na rua	Abfall wegwerfen	['apfal 'vɛk͵vɛʁfən]
aterro (m) sanitário	Mülldeponie (f)	['mʏl·depo͵niː]

orelhão (m)	Telefonzelle (f)	[tele'foːn͵tsɛlə]
poste (m) de luz	Straßenlaterne (f)	['ʃtʁaːsən·la͵tɛʁnə]
banco (m)	Bank (f)	[baŋk]

polícia (m)	Polizist (m)	[poli'tsɪst]
polícia (instituição)	Polizei (f)	[͵poli'tsaɪ]
mendigo, pedinte (m)	Bettler (m)	['bɛtlɐ]
desabrigado (m)	Obdachlose (m)	['ɔpdax͵loːzə]

29. Instituições urbanas

loja (f)	Laden (m)	['laːdən]
drogaria (f)	Apotheke (f)	[apo'teːkə]
ótica (f)	Optik (f)	['ɔptɪk]
centro (m) comercial	Einkaufszentrum (n)	['aɪnkaʊfs͵tsɛntʁʊm]
supermercado (m)	Supermarkt (m)	['zuːpɐ͵maʁkt]

padaria (f)	Bäckerei (f)	[͵bɛkə'ʁaɪ]
padeiro (m)	Bäcker (m)	['bɛkɐ]
pastelaria (f)	Konditorei (f)	[͵kɔndito'ʁaɪ]
mercearia (f)	Lebensmittelladen (m)	['leːbəns͵mɪtəl·laːdən]
açougue (m)	Metzgerei (f)	[mɛtsgə'ʁaɪ]

| fruteira (f) | Gemüseladen (m) | [gə'myːzə͵laːdən] |
| mercado (m) | Markt (m) | [maʁkt] |

cafeteria (f)	Kaffeehaus (n)	[ka'feː͵haʊs]
restaurante (m)	Restaurant (n)	[ʁɛsto'ʁaŋ]
bar (m)	Bierstube (f)	['biːɐ͵ʃtuːbə]
pizzaria (f)	Pizzeria (f)	[pɪtse'ʁiːa]

salão (m) de cabeleireiro	Friseursalon (m)	[fʁi'zøːɐ·za͵lɔŋ]
agência (f) dos correios	Post (f)	[pɔst]
lavanderia (f)	chemische Reinigung (f)	[çeːmiʃə 'ʁaɪnɪgʊŋ]
estúdio (m) fotográfico	Fotostudio (n)	['foto͵ʃtuːdɪo]

sapataria (f)	Schuhgeschäft (n)	['ʃuːgəʃɛft]
livraria (f)	Buchhandlung (f)	['buːx͵handlʊŋ]
loja (f) de artigos esportivos	Sportgeschäft (n)	['ʃpɔʁt·gə'ʃɛft]

costureira (m)	Kleiderreparatur (f)	['klaɪdɐ͵ʁepaʁa'tuːɐ]
aluguel (m) de roupa	Bekleidungsverleih (m)	[bə'klaɪdʊŋs·fɛɐ'laɪ]
videolocadora (f)	Videothek (f)	[video'teːk]

circo (m)	Zirkus (m)	['tsɪʁkʊs]
jardim (m) zoológico	Zoo (m)	['tsoː]
cinema (m)	Kino (n)	['kiːno]
museu (m)	Museum (n)	[mu'zeːʊm]

biblioteca (f)	Bibliothek (f)	[biblio'te:k]
teatro (m)	Theater (n)	[te'a:tɐ]
ópera (f)	Opernhaus (n)	['o:pɐn‚haʊs]
boate (casa noturna)	Nachtklub (m)	['naχt‚klʊp]
cassino (m)	Kasino (n)	[ka'zi:no]

mesquita (f)	Moschee (f)	[mɔ'ʃe:]
sinagoga (f)	Synagoge (f)	[zyna'go:gǝ]
catedral (f)	Kathedrale (f)	[kate'dʀa:lǝ]
templo (m)	Tempel (m)	['tɛmpǝl]
igreja (f)	Kirche (f)	['kıʀçǝ]

faculdade (f)	Institut (n)	[ınsti'tu:t]
universidade (f)	Universität (f)	[univɛʀzi'tɛ:t]
escola (f)	Schule (f)	['ʃu:lǝ]

prefeitura (f)	Präfektur (f)	[pʀɛfɛk'tu:ɐ]
câmara (f) municipal	Rathaus (n)	['ʀa:t‚haʊs]
hotel (m)	Hotel (n)	[ho'tɛl]
banco (m)	Bank (f)	[baŋk]

embaixada (f)	Botschaft (f)	['bo:tʃaft]
agência (f) de viagens	Reisebüro (n)	['ʀaɪzǝ·by‚ʀo:]
agência (f) de informações	Informationsbüro (n)	[ınfoʀma'tsjo:ns·by‚ʀo:]
casa (f) de câmbio	Wechselstube (f)	['vɛksǝl‚ʃtu:bǝ]

| metrô (m) | U-Bahn (f) | ['u:ba:n] |
| hospital (m) | Krankenhaus (n) | ['kʀaŋkǝn‚haʊs] |

| posto (m) de gasolina | Tankstelle (f) | ['taŋkʃtɛlǝ] |
| parque (m) de estacionamento | Parkplatz (m) | ['paʀk‚plats] |

30. Sinais

letreiro (m)	Firmenschild (n)	['fıʀmǝnʃɪlt]
aviso (m)	Aufschrift (f)	['aʊfʃʀɪft]
cartaz, pôster (m)	Plakat (n)	[pla'ka:t]
placa (f) de direção	Wegweiser (m)	['vɛk‚vaɪzɐ]
seta (f)	Pfeil (m)	[pfaɪl]

aviso (advertência)	Vorsicht (f)	['fo:ɐ‚zɪçt]
sinal (m) de aviso	Warnung (f)	['vaʀnʊŋ]
avisar, advertir (vt)	warnen (vt)	['vaʀnǝn]

dia (m) de folga	freier Tag (m)	['fʀaɪɐ ta:k]
horário (~ dos trens, etc.)	Fahrplan (m)	['fa:ɐ‚pla:n]
horário (m)	Öffnungszeiten (pl)	['œfnʊŋs‚tsaɪtǝn]

BEM-VINDOS!	HERZLICH WILLKOMMEN!	['hɛʀtslıç vɪl'kɔmǝn]
ENTRADA	EINGANG	['aɪn‚gaŋ]
SAÍDA	AUSGANG	['aʊs‚gaŋ]

| EMPURRE | DRÜCKEN | ['dʀʏkǝn] |
| PUXE | ZIEHEN | ['tsi:ǝn] |

| ABERTO | GEÖFFNET | [gə'ʔœfnət] |
| FECHADO | GESCHLOSSEN | [gə'ʃlɔsən] |

| MULHER | DAMEN, FRAUEN | ['da:mən], ['fʀaʊən] |
| HOMEM | HERREN, MÄNNER | ['hɛʀən], ['mɛnɐ] |

DESCONTOS	AUSVERKAUF	['aʊsfɛɐ̯kaʊf]
SALDOS, PROMOÇÃO	REDUZIERT	[ʀedu'tsi:ɐt]
NOVIDADE!	NEU!	[nɔɪ]
GRÁTIS	GRATIS	['gʀa:tɪs]

ATENÇÃO!	ACHTUNG!	['axtʊŋ]
NÃO HÁ VAGAS	ZIMMER BELEGT	['tsɪmɐ bə'le:kt]
RESERVADO	RESERVIERT	[ʀezɛɐ̯'vi:ɐt]

ADMINISTRAÇÃO	VERWALTUNG	[fɛɐ̯'valtʊŋ]
SOMENTE PESSOAL	NUR FÜR PERSONAL	[nu:ɐ fy:ɐ pɛʀzo'na:l]
AUTORIZADO		

CUIDADO CÃO FEROZ	VORSICHT BISSIGER HUND	['fo:ɐ̯zɪçt 'bɪsɪgɐ hʊnt]
PROIBIDO FUMAR!	RAUCHEN VERBOTEN!	['ʀaʊxən fɛɐ̯'bo:tən]
NÃO TOCAR	BITTE NICHT BERÜHREN	['bɪtə nɪçt bə'ʀy:ʀən]

PERIGOSO	GEFÄHRLICH	[gə'fɛ:ɐlɪç]
PERIGO	VORSICHT!	['fo:ɐ̯zɪçt]
ALTA TENSÃO	HOCHSPANNUNG	['ho:xʃpanʊŋ]
PROIBIDO NADAR	BADEN VERBOTEN	['ba:dən fɛɐ̯'bo:tən]
COM DEFEITO	AUßER BETRIEB	[ˌaʊsə bə'tʀi:p]

INFLAMÁVEL	LEICHTENTZÜNDLICH	['laɪçtʔɛn'tsʏntlɪç]
PROIBIDO	VERBOTEN	[fɛɐ̯'bo:tən]
ENTRADA PROIBIDA	DURCHGANG VERBOTEN	['dʊʀçˌgaŋ fɛɐ̯'bo:tən]
CUIDADO TINTA FRESCA	FRISCH GESTRICHEN	[fʀɪʃ gə'ʃtʀɪçən]

31. Compras

comprar (vt)	kaufen (vt)	['kaʊfən]
compra (f)	Einkauf (m)	['aɪnˌkaʊf]
fazer compras	einkaufen gehen	['aɪnˌkaʊfən 'ge:ən]
compras (f pl)	Einkaufen (n)	['aɪnˌkaʊfən]

| estar aberta (loja) | offen sein | ['ɔfən zaɪn] |
| estar fechada | zu sein | [tsu zaɪn] |

calçado (m)	Schuhe (pl)	['ʃu:ə]
roupa (f)	Kleidung (f)	['klaɪdʊŋ]
cosméticos (m pl)	Kosmetik (f)	[kɔs'me:tɪk]
alimentos (m pl)	Lebensmittel (pl)	['le:bənsˌmɪtəl]
presente (m)	Geschenk (n)	[gə'ʃɛŋk]

vendedor (m)	Verkäufer (m)	[fɛɐ̯'kɔɪfɐ]
vendedora (f)	Verkäuferin (f)	[fɛɐ̯'kɔɪfəʀɪn]
caixa (f)	Kasse (f)	['kasə]

espelho (m)	Spiegel (m)	['ʃpiːgəl]
balcão (m)	Ladentisch (m)	['laːdənˌtɪʃ]
provador (m)	Umkleidekabine (f)	['ʊmklaɪdəˈkaˌbiːnə]

provar (vt)	anprobieren (vt)	['anpʀoˌbiːʀən]
servir (roupa, caber)	passen (vi)	['pasən]
gostar (apreciar)	gefallen (vi)	[gə'falən]

preço (m)	Preis (m)	[pʀaɪs]
etiqueta (f) de preço	Preisschild (n)	['pʀaɪsˌʃɪlt]
custar (vt)	kosten (vt)	['kɔstən]
Quanto?	Wie viel?	['viː fiːl]
desconto (m)	Rabatt (m)	[ʀa'bat]

não caro (adj)	preiswert	['pʀaɪsˌveːɐt]
barato (adj)	billig	['bɪlɪç]
caro (adj)	teuer	['tɔɪɐ]
É caro	Das ist teuer	[das is 'tɔɪɐ]

aluguel (m)	Verleih (m)	[fɛɐ'laɪ]
alugar (roupas, etc.)	ausleihen (vt)	['aʊsˌlaɪən]
crédito (m)	Kredit (m), Darlehen (n)	[kʀe'diːt], ['daɐˌleːən]
a crédito	auf Kredit	[aʊf kʀe'diːt]

VESTUÁRIO & ACESSÓRIOS

32. Roupa exterior. Casacos

roupa (f)	Kleidung (f)	['klaɪdʊŋ]
roupa (f) exterior	Oberkleidung (f)	['oːbɐˌklaɪdʊŋ]
roupa (f) de inverno	Winterkleidung (f)	['vɪntɐˌklaɪdʊŋ]
sobretudo (m)	Mantel (m)	['mantəl]
casaco (m) de pele	Pelzmantel (m)	['pɛltsˌmantəl]
jaqueta (f) de pele	Pelzjacke (f)	['pɛltsˌjakə]
casaco (m) acolchoado	Daunenjacke (f)	['daʊnənˌjakə]
casaco (m), jaqueta (f)	Jacke (f)	['jakə]
impermeável (m)	Regenmantel (m)	['ʀeːgənˌmantəl]
a prova d'água	wasserdicht	['vasɐˌdɪçt]

33. Vestuário de homem & mulher

camisa (f)	Hemd (n)	[hɛmt]
calça (f)	Hose (f)	['hoːzə]
jeans (m)	Jeans (f)	[dʒiːns]
paletó, terno (m)	Jackett (n)	[ʒaˈkɛt]
terno (m)	Anzug (m)	['anˌtsuːk]
vestido (ex. ~ de noiva)	Kleid (n)	[klaɪt]
saia (f)	Rock (m)	[ʀɔk]
blusa (f)	Bluse (f)	['bluːzə]
casaco (m) de malha	Strickjacke (f)	['ʃtʀɪkˌjakə]
casaco, blazer (m)	Jacke (f)	['jakə]
camiseta (f)	T-Shirt (n)	['tiːˌʃøːɐt]
short (m)	Shorts (pl)	[ʃɔʁts]
training (m)	Sportanzug (m)	['ʃpɔʁtˌantsuːk]
roupão (m) de banho	Bademantel (m)	['baːdəˌmantəl]
pijama (m)	Schlafanzug (m)	['ʃlaːfʔanˌtsuːk]
suéter (m)	Sweater (m)	['swɛtɐ]
pulôver (m)	Pullover (m)	[pʊˈloːvɐ]
colete (m)	Weste (f)	['vɛstə]
fraque (m)	Frack (m)	[fʀak]
smoking (m)	Smoking (m)	['smoːkɪŋ]
uniforme (m)	Uniform (f)	['ʊniˌfɔʁm]
roupa (f) de trabalho	Arbeitskleidung (f)	['aʁbaɪtsˌklaɪdʊŋ]
macacão (m)	Overall (m)	['oːvɐal]
jaleco (m), bata (f)	Kittel (m)	['kɪtəl]

34. Vestuário. Roupa interior

roupa (f) íntima	Unterwäsche (f)	['ʊntɐˌvɛʃə]
cueca boxer (f)	Herrenslip (m)	['hɛʀənˌslɪp]
calcinha (f)	Damenslip (m)	['da:mənˌslɪp]
camiseta (f)	Unterhemd (n)	['ʊntɐˌhɛmt]
meias (f pl)	Socken (pl)	['zɔkən]

camisola (f)	Nachthemd (n)	['naχtˌhɛmt]
sutiã (m)	Büstenhalter (m)	['bystənˌhaltɐ]
meias longas (f pl)	Kniestrümpfe (pl)	['kni:ˌʃtʀʏmpfə]
meias-calças (f pl)	Strumpfhose (f)	['ʃtʀʊmpfˌho:zə]
meias (~ de nylon)	Strümpfe (pl)	['ʃtʀʏmpfə]
maiô (m)	Badeanzug (m)	['ba:dəˌʔantsu:k]

35. Adereços de cabeça

chapéu (m), touca (f)	Mütze (f)	['mʏtsə]
chapéu (m) de feltro	Filzhut (m)	['fɪltsˌhu:t]
boné (m) de beisebol	Baseballkappe (f)	['bɛɪsbɔ:lˌkapə]
boina (~ italiana)	Schiebermütze (f)	['ʃi:bɐˌmʏtsə]

boina (ex. ~ basca)	Baskenmütze (f)	['baskənˌmʏtsə]
capuz (m)	Kapuze (f)	[ka'pu:tsə]
chapéu panamá (m)	Panamahut (m)	['panama:ˌhu:t]
touca (f)	Strickmütze (f)	['ʃtʀɪkˌmʏtsə]

lenço (m)	Kopftuch (n)	['kɔpfˌtu:χ]
chapéu (m) feminino	Damenhut (m)	['da:mənˌhu:t]

capacete (m) de proteção	Schutzhelm (m)	['ʃʊtsˌhɛlm]
bibico (m)	Feldmütze (f)	['fɛltˌmʏtsə]
capacete (m)	Helm (m)	[hɛlm]

chapéu-coco (m)	Melone (f)	[me'lo:nə]
cartola (f)	Zylinder (m)	[tsy'lɪndɐ]

36. Calçado

calçado (m)	Schuhe (pl)	['ʃu:ə]
botinas (f pl), sapatos (m pl)	Stiefeletten (pl)	[ʃti:fə'lɛtən]
sapatos (de salto alto, etc.)	Halbschuhe (pl)	['halpˌʃu:ə]
botas (f pl)	Stiefel (pl)	['ʃti:fəl]
pantufas (f pl)	Hausschuhe (pl)	['haʊsˌʃu:ə]

tênis (~ Nike, etc.)	Tennisschuhe (pl)	['tɛnɪsˌʃu:ə]
tênis (~ Converse)	Leinenschuhe (pl)	['laɪnənˌʃu:ə]
sandálias (f pl)	Sandalen (pl)	[zan'da:lən]

sapateiro (m)	Schuster (m)	['ʃu:stɐ]
salto (m)	Absatz (m)	['apˌzats]

par (m)	Paar (n)	[pa:ɐ]
cadarço (m)	Schnürsenkel (m)	[ˈʃnyːɐˌsɛŋkəl]
amarrar os cadarços	schnüren (vt)	[ˈʃnyːʀən]
calçadeira (f)	Schuhlöffel (m)	[ˈʃuːˌlœfəl]
graxa (f) para calçado	Schuhcreme (f)	[ˈʃuːˌkʀɛːm]

37. Acessórios pessoais

luva (f)	Handschuhe (pl)	[ˈhantʃuːə]
mitenes (f pl)	Fausthandschuhe (pl)	[ˈfaʊst·hantʃuːə]
cachecol (m)	Schal (m)	[ʃaːl]

óculos (m pl)	Brille (f)	[ˈbʀɪlə]
armação (f)	Brillengestell (n)	[ˈbʀɪlən·gəˈʃtɛl]
guarda-chuva (m)	Regenschirm (m)	[ˈʀeːgənˌʃɪʁm]
bengala (f)	Spazierstock (m)	[ʃpaˈtsiːɐˌʃtɔk]
escova (f) para o cabelo	Haarbürste (f)	[ˈhaːɐˌbʏʁstə]
leque (m)	Fächer (m)	[ˈfɛçɐ]

gravata (f)	Krawatte (f)	[kʀaˈvatə]
gravata-borboleta (f)	Fliege (f)	[ˈfliːgə]
suspensórios (m pl)	Hosenträger (pl)	[ˈhoːzənˌtʀɛːgɐ]
lenço (m)	Taschentuch (n)	[ˈtaʃənˌtuːx]

pente (m)	Kamm (m)	[kam]
fivela (f) para cabelo	Haarspange (f)	[ˈhaːɐʃpaŋə]
grampo (m)	Haarnadel (f)	[ˈhaːɐˌnaːdəl]
fivela (f)	Schnalle (f)	[ˈʃnalə]

cinto (m)	Gürtel (m)	[ˈgʏʁtəl]
alça (f) de ombro	Umhängegurt (m)	[ˈʊmhɛŋəˌgʊʁt]

bolsa (f)	Tasche (f)	[ˈtaʃə]
bolsa (feminina)	Handtasche (f)	[ˈhantˌtaʃə]
mochila (f)	Rucksack (m)	[ˈʀʊkˌzak]

38. Vestuário. Diversos

moda (f)	Mode (f)	[ˈmoːdə]
na moda (adj)	modisch	[ˈmoːdɪʃ]
estilista (m)	Modedesigner (m)	[ˈmoːdə·diˈzaɪnɐ]

colarinho (m)	Kragen (m)	[ˈkʀaːgən]
bolso (m)	Tasche (f)	[ˈtaʃə]
de bolso	Taschen-	[ˈtaʃən]
manga (f)	Ärmel (m)	[ˈɛʁməl]
ganchinho (m)	Aufhänger (m)	[ˈaʊfˌhɛŋɐ]
bragueta (f)	Hosenschlitz (m)	[ˈhoːzənʃlɪts]

zíper (m)	Reißverschluss (m)	[ˈʀaɪs·fɛɐʃlʊs]
colchete (m)	Verschluss (m)	[fɛɐˈʃlʊs]
botão (m)	Knopf (m)	[knɔpf]

| botoeira (casa de botão) | Knopfloch (n) | ['knɔpf,lɔx] |
| soltar-se (vr) | abgehen (vi) | ['ap,ge:ən] |

costurar (vi)	nähen (vi, vt)	['nɛ:ən]
bordar (vt)	sticken (vt)	['ʃtɪkən]
bordado (m)	Stickerei (f)	[ʃtɪkə'ʀaɪ]
agulha (f)	Nadel (f)	['na:dəl]
fio, linha (f)	Faden (m)	['fa:dən]
costura (f)	Naht (f)	[na:t]

sujar-se (vr)	sich beschmutzen	[zɪç bə'ʃmʊtsən]
mancha (f)	Fleck (m)	[flɛk]
amarrotar-se (vr)	sich knittern	[zɪç 'knɪtɐn]
rasgar (vt)	zerreißen (vt)	[tsɛɐ'ʀaɪsən]
traça (f)	Motte (f)	['mɔtə]

39. Cuidados pessoais. Cosméticos

pasta (f) de dente	Zahnpasta (f)	['tsa:n,pasta]
escova (f) de dente	Zahnbürste (f)	['tsa:n,byʀstə]
escovar os dentes	Zähne putzen	['tsɛ:nə 'pʊtsən]

gilete (f)	Rasierer (m)	[ʀa'zi:ʀɐ]
creme (m) de barbear	Rasiercreme (f)	[ʀa'zi:ɐ,kʀɛ:m]
barbear-se (vr)	sich rasieren	[zɪç ʀa'zi:ʀən]

| sabonete (m) | Seife (f) | ['zaɪfə] |
| xampu (m) | Shampoo (n) | ['ʃampu] |

tesoura (f)	Schere (f)	['ʃe:ʀə]
lixa (f) de unhas	Nagelfeile (f)	['na:gəl,faɪlə]
corta-unhas (m)	Nagelzange (f)	['na:gəl,tsaŋə]
pinça (f)	Pinzette (f)	[pɪn'tsɛtə]

cosméticos (m pl)	Kosmetik (f)	[kɔs'me:tɪk]
máscara (f)	Gesichtsmaske (f)	[gə'zɪçts,maskə]
manicure (f)	Maniküre (f)	[mani'ky:ʀə]
fazer as unhas	Maniküre machen	[mani'ky:ʀə 'maxən]
pedicure (f)	Pediküre (f)	[pedi'ky:ʀə]

bolsa (f) de maquiagem	Kosmetiktasche (f)	[kɔs'me:tɪk,taʃə]
pó (de arroz)	Puder (m)	['pu:dɐ]
pó (m) compacto	Puderdose (f)	['pu:dɐ,do:zə]
blush (m)	Rouge (n)	[ʀu:ʒ]

perfume (m)	Parfüm (n)	[paʀ'fy:m]
água-de-colônia (f)	Duftwasser (n)	['dʊft,vasɐ]
loção (f)	Lotion (f)	[lo'tsjo:n]
colônia (f)	Kölnischwasser (n)	['kœlnɪʃ,vasɐ]

sombra (f) de olhos	Lidschatten (m)	['li:tʃatən]
delineador (m)	Kajalstift (m)	[ka'ja:l,ʃtɪft]
máscara (f), rímel (m)	Wimperntusche (f)	['vɪmpɐn,tʊʃə]
batom (m)	Lippenstift (m)	['lɪpənʃtɪft]

esmalte (m)	Nagellack (m)	['na:gəl‚lak]
laquê (m), spray fixador (m)	Haarlack (m)	['ha:ɐ‚lak]
desodorante (m)	Deodorant (n)	[deodo'ʀant]

creme (m)	Creme (f)	[kʀɛ:m]
creme (m) de rosto	Gesichtscreme (f)	[gə'zɪçts‚kʀɛ:m]
creme (m) de mãos	Handcreme (f)	['hant‚kʀɛ:m]
creme (m) antirrugas	Anti-Falten-Creme (f)	[‚anti'faltən·kʀɛ:m]
creme (m) de dia	Tagescreme (f)	['ta:gəs‚kʀɛ:m]
creme (m) de noite	Nachtcreme (f)	['naχt‚kʀɛ:m]
de dia	Tages-	['ta:gəs]
da noite	Nacht-	[naχt]

absorvente (m) interno	Tampon (m)	['tampo:n]
papel (m) higiênico	Toilettenpapier (n)	[toa'lɛtən·pa‚pi:ɐ]
secador (m) de cabelo	Föhn (m)	['fø:n]

40. Relógios de pulso. Relógios

relógio (m) de pulso	Armbanduhr (f)	['aʁmbant‚ʔu:ɐ]
mostrador (m)	Zifferblatt (n)	['tsɪfɐ‚blat]
ponteiro (m)	Zeiger (m)	['tsaɪgɐ]
bracelete (em aço)	Metallarmband (n)	[me'tal‚ʔaʁmbant]
bracelete (em couro)	Uhrenarmband (n)	['u:ʀən‚ʔaʁmbant]

pilha (f)	Batterie (f)	[batə'ʀi:]
acabar (vi)	verbraucht sein	[fɛɛ'bʀaʊχt zaɪn]
trocar a pilha	die Batterie wechseln	[di batə'ʀi: 'vɛksəln]
estar adiantado	vorgehen (vi)	['fo:ɐ‚ge:ən]
estar atrasado	nachgehen (vi)	['na:χ‚ge:ən]

relógio (m) de parede	Wanduhr (f)	['vant‚ʔu:ɐ]
ampulheta (f)	Sanduhr (f)	['zant‚ʔu:ɐ]
relógio (m) de sol	Sonnenuhr (f)	['zɔnən‚ʔu:ɐ]
despertador (m)	Wecker (m)	['vɛkɐ]
relojoeiro (m)	Uhrmacher (m)	['u:ɐ‚maχɐ]
reparar (vt)	reparieren (vt)	[ʀepa'ʀi:ʀən]

EXPERIÊNCIA DO QUOTIDIANO

41. Dinheiro

dinheiro (m)	Geld (n)	[gɛlt]
câmbio (m)	Austausch (m)	['aʊsˌtaʊʃ]
taxa (f) de câmbio	Kurs (m)	[kʊʁs]
caixa (m) eletrônico	Geldautomat (m)	['gɛltʔaʊtoˌmaːt]
moeda (f)	Münze (f)	['mʏntsə]
dólar (m)	Dollar (m)	['dɔlaʁ]
euro (m)	Euro (m)	['ɔɪʁo]
lira (f)	Lira (f)	['liːʁa]
marco (m)	Mark (f)	[maʁk]
franco (m)	Franken (m)	['fʁaŋkən]
libra (f) esterlina	Pfund Sterling (n)	[pfʊnt ˈʃtɛʁlɪŋ]
iene (m)	Yen (m)	[jɛn]
dívida (f)	Schulden (pl)	['ʃʊldən]
devedor (m)	Schuldner (m)	['ʃʊldnɐ]
emprestar (vt)	leihen (vt)	['laɪən]
pedir emprestado	ausleihen (vt)	['aʊsˌlaɪən]
banco (m)	Bank (f)	[baŋk]
conta (f)	Konto (n)	['kɔnto]
depositar (vt)	einzahlen (vt)	['aɪnˌtsaːlən]
depositar na conta	auf ein Konto einzahlen	[aʊf aɪn 'kɔnto 'aɪnˌtsaːlən]
sacar (vt)	abheben (vt)	['apˌheːbən]
cartão (m) de crédito	Kreditkarte (f)	[kʁe'diːtˌkaʁtə]
dinheiro (m) vivo	Bargeld (n)	['baːɐˌgɛlt]
cheque (m)	Scheck (m)	[ʃɛk]
passar um cheque	einen Scheck schreiben	['aɪnən ʃɛk 'ʃʁaɪbn]
talão (m) de cheques	Scheckbuch (n)	['ʃɛkˌbuːχ]
carteira (f)	Geldtasche (f)	['gɛltˌtaʃə]
niqueleira (f)	Geldbeutel (m)	['gɛltˌbɔɪtəl]
cofre (m)	Safe (m)	[sɛɪf]
herdeiro (m)	Erbe (m)	['ɛʁbə]
herança (f)	Erbschaft (f)	['ɛʁpʃaft]
fortuna (riqueza)	Vermögen (n)	[fɛɐ'møːgən]
arrendamento (m)	Pacht (f)	[paχt]
aluguel (pagar o ~)	Miete (f)	['miːtə]
alugar (vt)	mieten (vt)	['miːtən]
preço (m)	Preis (m)	[pʁaɪs]
custo (m)	Kosten (pl)	['kɔstən]

soma (f)	Summe (f)	['zʊmə]
gastar (vt)	ausgeben (vt)	['aʊsˌgeːbən]
gastos (m pl)	Ausgaben (pl)	['aʊsˌgaːbən]
economizar (vi)	sparen (vt)	['ʃpaːʀən]
econômico (adj)	sparsam	['ʃpaːɐza:m]

pagar (vt)	zahlen (vt)	['tsaːlən]
pagamento (m)	Lohn (m)	[loːn]
troco (m)	Wechselgeld (n)	['vɛksəlˌgɛlt]

imposto (m)	Steuer (f)	['ʃtɔɪɐ]
multa (f)	Geldstrafe (f)	['gɛltˌʃtʀaːfə]
multar (vt)	bestrafen (vt)	[bə'ʃtʀaːfən]

42. Correios. Serviço postal

agência (f) dos correios	Post (f)	[pɔst]
correio (m)	Post (f)	[pɔst]
carteiro (m)	Briefträger (m)	['bʀiːfˌtʀɛːgɐ]
horário (m)	Öffnungszeiten (pl)	['œfnʊŋsˌtsaɪtən]

carta (f)	Brief (m)	[bʀiːf]
carta (f) registada	Einschreibebrief (m)	['aɪnʃʀaɪbəˌbʀiːf]
cartão (m) postal	Postkarte (f)	['pɔstˌkaʁtə]
telegrama (m)	Telegramm (n)	[tele'gʀam]
encomenda (f)	Postpaket (n)	['pɔstˌpa'keːt]
transferência (f) de dinheiro	Geldanweisung (f)	['gɛltˌanvaɪzʊŋ]

receber (vt)	bekommen (vt)	[bə'kɔmən]
enviar (vt)	abschicken (vt)	['apˌʃɪkən]
envio (m)	Absendung (f)	['apˌzɛndʊŋ]
endereço (m)	Postanschrift (f)	['pɔstˌanʃʀɪft]
código (m) postal	Postleitzahl (f)	['pɔstlaɪtˌtsaːl]
remetente (m)	Absender (m)	['apˌzɛndɐ]
destinatário (m)	Empfänger (m)	[ɛm'pfɛŋɐ]

nome (m)	Vorname (m)	['foːɐˌnaːmə]
sobrenome (m)	Nachname (m)	['naːxˌnaːmə]
tarifa (f)	Tarif (m)	[ta'ʀiːf]
ordinário (adj)	Standard-	['standaʁt]
econômico (adj)	Spar-	['ʃpaːɐ]

peso (m)	Gewicht (n)	[gə'vɪçt]
pesar (estabelecer o peso)	abwiegen (vt)	['apˌviːgən]
envelope (m)	Briefumschlag (m)	['bʀiːfʔʊmˌʃlaːk]
selo (m) postal	Briefmarke (f)	['bʀiːfˌmaʁkə]
colar o selo	Briefmarke aufkleben	['bʀiːfˌmaʁkə 'aʊfˌkleːbən]

43. Banca

banco (m)	Bank (f)	[baŋk]
balcão (f)	Filiale (f)	[fi'lɪaːlə]

consultor (m) bancário	Berater (m)	[bəˈʀaːtɐ]
gerente (m)	Leiter (m)	[ˈlaɪtɐ]
conta (f)	Konto (n)	[ˈkɔnto]
número (m) da conta	Kontonummer (f)	[ˈkɔntoˌnʊmɐ]
conta (f) corrente	Kontokorrent (n)	[kɔntoˈkɔˈʀɛnt]
conta (f) poupança	Sparkonto (n)	[ˈʃpaːɐˌkɔnto]
abrir uma conta	ein Konto eröffnen	[aɪn ˈkɔnto ɛɐˈʔœfnən]
fechar uma conta	das Konto schließen	[das ˈkɔnto ˈʃliːsən]
depositar na conta	auf ein Konto einzahlen	[aʊf aɪn ˈkɔnto ˈaɪnˌtsaːlən]
sacar (vt)	abheben (vt)	[ˈapˌheːbən]
depósito (m)	Einzahlung (f)	[ˈaɪnˌtsaːlʊŋ]
fazer um depósito	eine Einzahlung machen	[ˈaɪnə ˈaɪnˌtsaːlʊŋ ˈmaxən]
transferência (f) bancária	Überweisung (f)	[ˌyːbɐˈvaɪzən]
transferir (vt)	überweisen (vt)	[ˌyːbɐˈvaɪzən]
soma (f)	Summe (f)	[ˈzʊmə]
Quanto?	Wie viel?	[ˈviː fiːl]
assinatura (f)	Unterschrift (f)	[ˈʊntɐʃʀɪft]
assinar (vt)	unterschreiben (vt)	[ˌʊntɐˈʃʀaɪbən]
cartão (m) de crédito	Kreditkarte (f)	[kʀeˈdiːtˌkaʁtə]
senha (f)	Code (m)	[koːt]
número (m) do cartão de crédito	Kreditkartennummer (f)	[kʀeˈdiːtˌkaʁtəˈnʊmɐ]
caixa (m) eletrônico	Geldautomat (m)	[ˈgɛltʔaʊtoˌmaːt]
cheque (m)	Scheck (m)	[ʃɛk]
passar um cheque	einen Scheck schreiben	[ˈaɪnən ʃɛk ˈʃʀaɪbən]
talão (m) de cheques	Scheckbuch (n)	[ˈʃɛkˌbuːx]
empréstimo (m)	Darlehen (m)	[ˈdaʁˌleːən]
pedir um empréstimo	ein Darlehen beantragen	[aɪn ˈdaʁˌleːən bəˈʔantʀaːgən]
obter empréstimo	ein Darlehen aufnehmen	[aɪn daʁˌleːən ˈaʊfˌneːmən]
dar um empréstimo	ein Darlehen geben	[aɪn ˈdaʁˌleːən ˈgeːbən]
garantia (f)	Sicherheit (f)	[ˈzɪçɐhaɪt]

44. Telefone. Conversação telefônica

telefone (m)	Telefon (n)	[teleˈfoːn]
celular (m)	Mobiltelefon (n)	[moˈbiːlˈteleˌfoːn]
secretária (f) eletrônica	Anrufbeantworter (m)	[ˈanʀuːfbəˈantˌvɔʁtɐ]
fazer uma chamada	anrufen (vt)	[ˈanˌʀuːfən]
chamada (f)	Anruf (m)	[ˈanˌʀuːf]
discar um número	eine Nummer wählen	[ˈaɪnə ˈnʊmə ˈvɛːlən]
Alô!	Hallo!	[haˈloː]
perguntar (vt)	fragen (vt)	[ˈfʀaːgən]
responder (vt)	antworten (vi)	[ˈantˌvɔʁtən]
ouvir (vt)	hören (vt)	[ˈhøːʀən]

bem	**gut**	[gu:t]
mal	**schlecht**	[ʃlɛçt]
ruído (m)	**Störungen** (pl)	['ʃtø:ʀʊŋən]
fone (m)	**Hörer** (m)	['hø:ʀɐ]
pegar o telefone	**den Hörer abnehmen**	[den 'hø:ʀɐ 'ap,ne:mən]
desligar (vi)	**auflegen** (vt)	['aʊf,le:gən]
ocupado (adj)	**besetzt**	[bə'zɛtst]
tocar (vi)	**läuten** (vi)	['lɔɪtən]
lista (f) telefônica	**Telefonbuch** (n)	[tele'fo:n,bu:χ]
local (adj)	**Orts-**	[ɔʁts]
chamada (f) local	**Ortsgespräch**	[ɔʁts·gə'ʃpʀɛ:ç]
de longa distância	**Fern-**	['fɛʁn]
chamada (f) de longa distância	**Ferngespräch**	['fɛʁn·gə'ʃpʀɛ:ç]
internacional (adj)	**Auslands-**	['aʊslants]
chamada (f) internacional	**Auslandsgespräch**	['aʊslants·gə'ʃpʀɛ:ç]

45. Telefone móvel

celular (m)	**Mobiltelefon** (n)	[mo'bi:l·tele,fo:n]
tela (f)	**Display** (n)	[dɪs'ple:]
botão (m)	**Knopf** (m)	[knɔpf]
cartão SIM (m)	**SIM-Karte** (f)	['zɪm,kaʁtə]
bateria (f)	**Batterie** (f)	[batə'ʀi:]
descarregar-se (vr)	**leer sein**	[le:ɐ zaɪn]
carregador (m)	**Ladegerät** (n)	['la:də·gə'ʀɛ:t]
menu (m)	**Menü** (n)	[me'ny:]
configurações (f pl)	**Einstellungen** (pl)	['aɪnʃtɛlʊŋən]
melodia (f)	**Melodie** (f)	[melo'di:]
escolher (vt)	**auswählen** (vt)	['aʊs,vɛ:lən]
calculadora (f)	**Rechner** (m)	['ʀɛçnɐ]
correio (m) de voz	**Anrufbeantworter** (m)	['anʀu:fbə·ant,vɔʁtɐ]
despertador (m)	**Wecker** (m)	['vɛkɐ]
contatos (m pl)	**Kontakte** (pl)	[kɔn'taktə]
mensagem (f) de texto	**SMS-Nachricht** (f)	[ɛsʔɛm'ʔɛs 'na:χ,ʀɪçt]
assinante (m)	**Teilnehmer** (m)	['taɪl,ne:mɐ]

46. Estacionário

caneta (f)	**Kugelschreiber** (m)	['ku:gəl,ʃʀaɪbɐ]
caneta (f) tinteiro	**Federhalter** (m)	['fe:dɐ,haltɐ]
lápis (m)	**Bleistift** (m)	['blaɪ,ʃtɪft]
marcador (m) de texto	**Faserschreiber** (m)	['fa:zɐ,ʃʀaɪbɐ]
caneta (f) hidrográfica	**Filzstift** (m)	['fɪlts,ʃtɪft]

| bloco (m) de notas | Notizblock (m) | [no'ti:ts‚blɔk] |
| agenda (f) | Terminkalender (m) | [tɛʁ'mi:n·ka‚lɛndɐ] |

régua (f)	Lineal (n)	[line'a:l]
calculadora (f)	Rechner (m)	['ʀɛçnɐ]
borracha (f)	Radiergummi (m)	[ʀa'di:ɐ‚gʊmi]
alfinete (m)	Reißwecke (f)	['ʀaɪs·tsvɛkɐ]
clipe (m)	Heftklammer (f)	['hɛft‚klamɐ]

cola (f)	Klebstoff (m)	['kle:p‚ʃtɔf]
grampeador (m)	Hefter (m)	['hɛftɐ]
furador (m) de papel	Locher (m)	['lɔχɐ]
apontador (m)	Bleistiftspitzer (m)	['blaɪʃtɪftʃpɪtsɐ]

47. Línguas estrangeiras

língua (f)	Sprache (f)	['ʃpʀa:χɐ]
estrangeiro (adj)	Fremd-	['fʀɛmt]
língua (f) estrangeira	Fremdsprache (f)	['fʀɛmtʃpʀa:χɐ]
estudar (vt)	studieren (vt)	[ʃtu'di:ʀən]
aprender (vt)	lernen (vt)	['lɛʁnən]

ler (vt)	lesen (vi, vt)	['le:zən]
falar (vi)	sprechen (vi, vt)	['ʃpʀɛçən]
entender (vt)	verstehen (vt)	[fɛʁ'ʃte:ən]
escrever (vt)	schreiben (vi, vt)	['ʃʀaɪbən]

rapidamente	schnell	[ʃnɛl]
devagar, lentamente	langsam	['laŋza:m]
fluentemente	fließend	['fli:sənt]

regras (f pl)	Regeln (pl)	['ʀe:gəln]
gramática (f)	Grammatik (f)	[gʀa'matɪk]
vocabulário (m)	Vokabular (n)	[vokabu'la:ɐ]
fonética (f)	Phonetik (f)	[fo:'ne:tɪk]

livro (m) didático	Lehrbuch (n)	['le:ɐ‚bu:χ]
dicionário (m)	Wörterbuch (n)	['vœʁtɐ‚bu:χ]
manual (m) autodidático	Selbstlernbuch (n)	['zɛlpst‚lɛʁnbu:χ]
guia (m) de conversação	Sprachführer (m)	['ʃpʀa:χ‚fy:ʀɐ]

fita (f) cassete	Kassette (f)	[ka'sɛtə]
videoteipe (m)	Videokassette (f)	['vi:deo·ka'sɛtə]
CD (m)	CD (f)	[tse:'de:]
DVD (m)	DVD (f)	[defaʊ'de:]

alfabeto (m)	Alphabet (n)	[alfa'be:t]
soletrar (vt)	buchstabieren (vt)	[‚bu:χʃta'bi:ʀən]
pronúncia (f)	Aussprache (f)	['aʊsʃpʀa:χɐ]

sotaque (m)	Akzent (m)	[ak'tsɛnt]
com sotaque	mit Akzent	[mɪt ak'tsɛnt]
sem sotaque	ohne Akzent	['o:nə ak'tsɛnt]
palavra (f)	Wort (n)	[vɔʁt]

sentido (m)	**Bedeutung** (f)	[bə'dɔɪtʊŋ]
curso (m)	**Kurse** (pl)	['kʊʁzə]
inscrever-se (vr)	**sich einschreiben**	[zɪç 'aɪnʃʁaɪbən]
professor (m)	**Lehrer** (m)	['leːʁɐ]
tradução (processo)	**Übertragung** (f)	[ˌyːbɐ'tʁaːgʊŋ]
tradução (texto)	**Übersetzung** (f)	[ˌyːbɐ'zɛtsʊŋ]
tradutor (m)	**Übersetzer** (m)	[ˌyːbɐ'zɛtsɐ]
intérprete (m)	**Dolmetscher** (m)	['dɔlmɛtʃɐ]
poliglota (m)	**Polyglott** (m, f)	[poly'glɔt]
memória (f)	**Gedächtnis** (n)	[gə'dɛçtnɪs]

REFEIÇÕES. RESTAURANTE

48. Por a mesa

colher (f)	Löffel (m)	['lœfəl]
faca (f)	Messer (n)	['mɛsɐ]
garfo (m)	Gabel (f)	[ga:bəl]
xícara (f)	Tasse (f)	['tasə]
prato (m)	Teller (m)	['tɛlɐ]
pires (m)	Untertasse (f)	['ʊntɐˌtasə]
guardanapo (m)	Serviette (f)	[zɛʁ'vɪɛtə]
palito (m)	Zahnstocher (m)	['tsa:nˌʃtɔχɐ]

49. Restaurante

restaurante (m)	Restaurant (n)	[ʀɛsto'ʀaŋ]
cafeteria (f)	Kaffeehaus (n)	[ka'fe:ˌhaʊs]
bar (m), cervejaria (f)	Bar (f)	[ba:ɐ]
salão (m) de chá	Teesalon (m)	['te:ˌza'lɔŋ]
garçom (m)	Kellner (m)	['kɛlnɐ]
garçonete (f)	Kellnerin (f)	['kɛlnəʀɪn]
barman (m)	Barmixer (m)	['ba:ɐˌmɪksɐ]
cardápio (m)	Speisekarte (f)	['ʃpaɪzəˌkaʁtə]
lista (f) de vinhos	Weinkarte (f)	['vaɪnˌkaʁtə]
reservar uma mesa	einen Tisch reservieren	['aɪnən tɪʃ ʀezɛʁ'vi:ʀən]
prato (m)	Gericht (n)	[gə'ʀɪçt]
pedir (vt)	bestellen (vt)	[bə'ʃtɛlən]
fazer o pedido	eine Bestellung aufgeben	['aɪnə bə'ʃtɛlʊŋ 'aʊfˌge:bən]
aperitivo (m)	Aperitif (m)	[apeʀi'ti:f]
entrada (f)	Vorspeise (f)	['fo:ɐˌʃpaɪzə]
sobremesa (f)	Nachtisch (m)	['na:χˌtɪʃ]
conta (f)	Rechnung (f)	['ʀɛçnʊŋ]
pagar a conta	Rechnung bezahlen	['ʀɛçnʊŋ bə'tsa:lən]
dar o troco	das Wechselgeld geben	[das 'vɛksəlˌgɛlt 'ge:bən]
gorjeta (f)	Trinkgeld (n)	['tʀɪŋkˌgɛlt]

50. Refeições

comida (f)	Essen (n)	['ɛsən]
comer (vt)	essen (vi, vt)	['ɛsən]

café (m) da manhã	Frühstück (n)	['fʀyːʃtʏk]
tomar café da manhã	frühstücken (vi)	['fʀyːʃtʏkən]
almoço (m)	Mittagessen (n)	['mɪtaːk,ʔɛsən]
almoçar (vi)	zu Mittag essen	[tsu 'mɪtaːk 'ɛsən]
jantar (m)	Abendessen (n)	['aːbənt,ʔɛsən]
jantar (vi)	zu Abend essen	[tsu 'aːbənt 'ɛsən]

apetite (m)	Appetit (m)	[ape'tiːt]
Bom apetite!	Guten Appetit!	[,gutən ,ʔapə'tiːt]

abrir (~ uma lata, etc.)	öffnen (vt)	['œfnən]
derramar (~ líquido)	verschütten (vt)	[fɛɐ'ʃʏtən]
derramar-se (vr)	verschüttet werden	[fɛɐ'ʃʏtət 'veːɐdən]

ferver (vi)	kochen (vi)	['kɔxən]
ferver (vt)	kochen (vt)	['kɔxən]
fervido (adj)	gekocht	[gə'kɔxt]
esfriar (vt)	kühlen (vt)	['kyːlən]
esfriar-se (vr)	abkühlen (vi)	['ap,kyːlən]

sabor, gosto (m)	Geschmack (m)	[gə'ʃmak]
fim (m) de boca	Beigeschmack (m)	['baɪgə,ʃmak]

emagrecer (vi)	auf Diät sein	[aʊf di'ɛːt zaɪn]
dieta (f)	Diät (f)	[di'ɛːt]
vitamina (f)	Vitamin (n)	[vita'miːn]
caloria (f)	Kalorie (f)	[kalo'ʀiː]
vegetariano (m)	Vegetarier (m)	[vege'taːʀɪɐ]
vegetariano (adj)	vegetarisch	[vege'taːʀɪʃ]

gorduras (f pl)	Fett (n)	[fɛt]
proteínas (f pl)	Protein (n)	[pʀote'iːn]
carboidratos (m pl)	Kohlenhydrat (n)	['koːlənhy,dʀaːt]
fatia (~ de limão, etc.)	Scheibchen (n)	['ʃaɪpçən]
pedaço (~ de bolo)	Stück (n)	[ʃtʏk]
migalha (f), farelo (m)	Krümel (m)	['kʀyːməl]

51. Pratos cozinhados

prato (m)	Gericht (n)	[gə'ʀɪçt]
cozinha (~ portuguesa)	Küche (f)	['kʏçə]
receita (f)	Rezept (n)	[ʀe'tsɛpt]
porção (f)	Portion (f)	[pɔʀ'tsjoːn]

salada (f)	Salat (m)	[za'laːt]
sopa (f)	Suppe (f)	['zʊpə]

caldo (m)	Brühe (f), Bouillon (f)	['bʀyːə], [bul'jɔn]
sanduíche (m)	belegtes Brot (n)	[bə'leːktəs bʀoːt]
ovos (m pl) fritos	Spiegelei (n)	['ʃpiːgəl,ʔaɪ]

hambúrguer (m)	Hamburger (m)	['ham,bʊʀgɐ]
bife (m)	Beefsteak (n)	['biːfʃteːk]
acompanhamento (m)	Beilage (f)	['baɪ,laːgə]

espaguete (m)	Spaghetti (pl)	[ʃpaˈgɛti]
purê (m) de batata	Kartoffelpüree (n)	[kaʁˈtɔfəl·pyˌʁeː]
pizza (f)	Pizza (f)	[ˈpɪtsa]
mingau (m)	Brei (m)	[bʀaɪ]
omelete (f)	Omelett (n)	[ɔmˈlɛt]

fervido (adj)	gekocht	[gəˈkɔχt]
defumado (adj)	geräuchert	[gəˈʀɔɪçɐt]
frito (adj)	gebraten	[gəˈbʀaːtən]
seco (adj)	getrocknet	[gəˈtʀɔknət]
congelado (adj)	tiefgekühlt	[ˈtiːfgəˌkyːlt]
em conserva (adj)	mariniert	[maʀiˈniːɐt]

doce (adj)	süß	[zyːs]
salgado (adj)	salzig	[ˈzaltsɪç]
frio (adj)	kalt	[kalt]
quente (adj)	heiß	[haɪs]
amargo (adj)	bitter	[ˈbɪtə]
gostoso (adj)	lecker	[ˈlɛkɐ]

cozinhar em água fervente	kochen (vt)	[ˈkɔχən]
preparar (vt)	zubereiten (vt)	[ˈtsuːbəˌʀaɪtən]
fritar (vt)	braten (vt)	[ˈbʀaːtən]
aquecer (vt)	aufwärmen (vt)	[ˈaʊfˌvɛʁmən]

salgar (vt)	salzen (vt)	[ˈzaltsən]
apimentar (vt)	pfeffern (vt)	[ˈpfɛfɛn]
ralar (vt)	reiben (vt)	[ˈʀaɪbən]
casca (f)	Schale (f)	[ˈʃaːlə]
descascar (vt)	schälen (vt)	[ˈʃɛːlən]

52. Comida

carne (f)	Fleisch (n)	[flaɪʃ]
galinha (f)	Hühnerfleisch (n)	[ˈhyːnɐˌflaɪʃ]
frango (m)	Küken (n)	[ˈkyːkən]
pato (m)	Ente (f)	[ˈɛntə]
ganso (m)	Gans (f)	[gans]
caça (f)	Wild (n)	[vɪlt]
peru (m)	Pute (f)	[ˈpuːtə]

carne (f) de porco	Schweinefleisch (n)	[ˈʃvaɪnəˌflaɪʃ]
carne (f) de vitela	Kalbfleisch (n)	[ˈkalpˌflaɪʃ]
carne (f) de carneiro	Hammelfleisch (n)	[ˈhaməlˌflaɪʃ]
carne (f) de vaca	Rindfleisch (n)	[ˈʀɪntˌflaɪʃ]
carne (f) de coelho	Kaninchenfleisch (n)	[kaˈniːnçənˌflaɪʃ]

linguiça (f), salsichão (m)	Wurst (f)	[vʊʁst]
salsicha (f)	Würstchen (n)	[ˈvʏʁstçən]
bacon (m)	Schinkenspeck (m)	[ˈʃɪŋkənˌʃpɛk]
presunto (m)	Schinken (m)	[ˈʃɪŋkən]
pernil (m) de porco	Räucherschinken (m)	[ˈʀɔɪçɐˌʃɪŋkən]
patê (m)	Pastete (f)	[pasˈteːtə]
fígado (m)	Leber (f)	[ˈleːbɐ]

guisado (m)	Hackfleisch (n)	['hak͜flaɪʃ]
língua (f)	Zunge (f)	['tsʊŋə]
ovo (m)	Ei (n)	[aɪ]
ovos (m pl)	Eier (pl)	['aɪɐ]
clara (f) de ovo	Eiweiß (n)	['aɪvaɪs]
gema (f) de ovo	Eigelb (n)	['aɪgɛlp]
peixe (m)	Fisch (m)	[fɪʃ]
mariscos (m pl)	Meeresfrüchte (pl)	['meːʁəs͜fʀʏçtə]
crustáceos (m pl)	Krebstiere (pl)	['kʀeːps͜tiːʀə]
caviar (m)	Kaviar (m)	['kaːvɪaʁ]
caranguejo (m)	Krabbe (f)	['kʀabə]
camarão (m)	Garnele (f)	[gaʁ'neːlə]
ostra (f)	Auster (f)	['aʊstɐ]
lagosta (f)	Languste (f)	[laŋ'gʊstə]
polvo (m)	Krake (m)	['kʀaːkə]
lula (f)	Kalmar (m)	['kalmaʁ]
esturjão (m)	Störfleisch (n)	['ʃtøːɐ͜flaɪʃ]
salmão (m)	Lachs (m)	[laks]
halibute (m)	Heilbutt (m)	['haɪlbʊt]
bacalhau (m)	Dorsch (m)	[dɔʁʃ]
cavala, sarda (f)	Makrele (f)	[ma'kʀeːlə]
atum (m)	Tunfisch (m)	['tuːnfɪʃ]
enguia (f)	Aal (m)	[aːl]
truta (f)	Forelle (f)	[ˌfo'ʀɛlə]
sardinha (f)	Sardine (f)	[zaʁ'diːnə]
lúcio (m)	Hecht (m)	[hɛçt]
arenque (m)	Hering (m)	['heːʀɪŋ]
pão (m)	Brot (n)	[bʀoːt]
queijo (m)	Käse (m)	['kɛːzə]
açúcar (m)	Zucker (m)	['tsʊkɐ]
sal (m)	Salz (n)	[zalts]
arroz (m)	Reis (m)	[ʀaɪs]
massas (f pl)	Teigwaren (pl)	['taɪk͜vaːʀən]
talharim, miojo (m)	Nudeln (pl)	['nuːdəln]
manteiga (f)	Butter (f)	['bʊtɐ]
óleo (m) vegetal	Pflanzenöl (n)	['pflantsənˌʔøːl]
óleo (m) de girassol	Sonnenblumenöl (n)	['zɔnənbluːmənˌʔøːl]
margarina (f)	Margarine (f)	[maʁga'ʀiːnə]
azeitonas (f pl)	Oliven (pl)	[o'liːvən]
azeite (m)	Olivenöl (n)	[o'liːvənˌʔøːl]
leite (m)	Milch (f)	[mɪlç]
leite (m) condensado	Kondensmilch (f)	[kɔn'dɛnsˌmɪlç]
iogurte (m)	Joghurt (m, f)	['joːgʊʁt]
creme (m) azedo	saure Sahne (f)	['zaʊʀə 'zaːnə]
creme (m) de leite	Sahne (f)	['zaːnə]

| maionese (f) | Mayonnaise (f) | [majo'nɛ:zə] |
| creme (m) | Buttercreme (f) | ['bʊtɐˌkʀɛ:m] |

grãos (m pl) de cereais	Grütze (f)	['gʀʏtsə]
farinha (f)	Mehl (n)	[me:l]
enlatados (m pl)	Konserven (pl)	[kɔn'zɛʀvən]

flocos (m pl) de milho	Maisflocken (pl)	[maɪs'flɔkən]
mel (m)	Honig (m)	['ho:nɪç]
geleia (m)	Marmelade (f)	[ˌmaʀmə'la:də]
chiclete (m)	Kaugummi (m, n)	['kaʊˌgʊmi]

53. Bebidas

água (f)	Wasser (n)	['vasɐ]
água (f) potável	Trinkwasser (n)	['tʀɪŋkˌvasɐ]
água (f) mineral	Mineralwasser (n)	[mine'ʀa:lˌvasɐ]

sem gás (adj)	still	[ʃtɪl]
gaseificada (adj)	mit Kohlensäure	[mɪt 'ko:lənˌzɔɪʀə]
com gás	mit Gas	[mɪt ga:s]
gelo (m)	Eis (n)	[aɪs]
com gelo	mit Eis	[mɪt aɪs]

não alcoólico (adj)	alkoholfrei	['alkoho:l·fʀaɪ]
refrigerante (m)	alkoholfreies Getränk (n)	['alkoho:l·fʀaɪəs gə'tʀɛŋk]
refresco (m)	Erfrischungsgetränk (n)	[ɛɐ'fʀɪʃʊŋs·gəˌtʀɛŋk]
limonada (f)	Limonade (f)	[limo'na:də]

bebidas (f pl) alcoólicas	Spirituosen (pl)	[ʃpiʀi'tʊo:zən]
vinho (m)	Wein (m)	[vaɪn]
vinho (m) branco	Weißwein (m)	['vaɪsˌvaɪn]
vinho (m) tinto	Rotwein (m)	['ʀo:tˌvaɪn]

licor (m)	Likör (m)	[li'kø:ɐ]
champanhe (m)	Champagner (m)	[ʃam'panjɐ]
vermute (m)	Wermut (m)	['ve:ɐmu:t]

uísque (m)	Whisky (m)	['vɪski]
vodca (f)	Wodka (m)	['vɔtka]
gim (m)	Gin (m)	[dʒɪn]
conhaque (m)	Kognak (m)	['kɔnjak]
rum (m)	Rum (m)	[ʀʊm]

café (m)	Kaffee (m)	['kafe]
café (m) preto	schwarzer Kaffee (m)	['ʃvaʀtsɐ 'kafe]
café (m) com leite	Milchkaffee (m)	['mɪlçˌka‚fe:]
cappuccino (m)	Cappuccino (m)	[ˌkapʊ'tʃi:no]
café (m) solúvel	Pulverkaffee (m)	['pʊlfɐˌkafe]

leite (m)	Milch (f)	[mɪlç]
coquetel (m)	Cocktail (m)	['kɔktɛɪl]
batida (f), milkshake (m)	Milchcocktail (m)	['mɪlçˌkɔktɛɪl]
suco (m)	Saft (m)	[zaft]

suco (m) de tomate	Tomatensaft (m)	[to'ma:tən‚zaft]
suco (m) de laranja	Orangensaft (m)	[o'ʀa:ŋʒən‚zaft]
suco (m) fresco	frisch gepresster Saft (m)	[fʀɪʃ gə'pʀɛstə zaft]

cerveja (f)	Bier (n)	[bi:ɐ]
cerveja (f) clara	Helles (n)	['hɛlɛs]
cerveja (f) preta	Dunkelbier (n)	['duŋkəl‚bi:ɐ]

chá (m)	Tee (m)	[te:]
chá (m) preto	schwarzer Tee (m)	['ʃvaʁtsɐ 'te:]
chá (m) verde	grüner Tee (m)	['gʀy:nɐ te:]

54. Vegetais

| vegetais (m pl) | Gemüse (n) | [gə'my:zə] |
| verdura (f) | grünes Gemüse (pl) | ['gʀy:nəs gə'my:zə] |

tomate (m)	Tomate (f)	[to'ma:tə]
pepino (m)	Gurke (f)	['guʁkə]
cenoura (f)	Karotte (f)	[ka'ʀotə]
batata (f)	Kartoffel (f)	[kaʁ'tofəl]
cebola (f)	Zwiebel (f)	['tsvi:bəl]
alho (m)	Knoblauch (m)	['kno:p‚lauχ]

| couve (f) | Kohl (m) | [ko:l] |
| couve-flor (f) | Blumenkohl (m) | ['blu:mən‚ko:l] |

| couve-de-bruxelas (f) | Rosenkohl (m) | ['ʀo:zən‚ko:l] |
| brócolis (m pl) | Brokkoli (m) | ['bʀɔkoli] |

beterraba (f)	Rote Bete (f)	[‚ʀo:tə'be:tə]
berinjela (f)	Aubergine (f)	[‚obɛʁ'ʒi:nə]
abobrinha (f)	Zucchini (f)	[tsʊ'ki:ni]

| abóbora (f) | Kürbis (m) | ['kyʁbɪs] |
| nabo (m) | Rübe (f) | ['ʀy:bə] |

salsa (f)	Petersilie (f)	[petɐ'zi:lɪə]
endro, aneto (m)	Dill (m)	[dɪl]
alface (f)	Kopf Salat (m)	[kɔpf za'la:t]
aipo (m)	Sellerie (m)	['zɛləʀi]

| aspargo (m) | Spargel (m) | ['ʃpaʁgəl] |
| espinafre (m) | Spinat (m) | [ʃpi'na:t] |

| ervilha (f) | Erbse (f) | ['ɛʁpsə] |
| feijão (~ soja, etc.) | Bohnen (pl) | ['bo:nən] |

| milho (m) | Mais (m) | ['maɪs] |
| feijão (m) roxo | weiße Bohne (f) | ['vaɪsə 'bo:nə] |

pimentão (m)	Paprika (m)	['papʁika]
rabanete (m)	Radieschen (n)	[ʀa'di:sçən]
alcachofra (f)	Artischocke (f)	[aʁti'ʃokə]

55. Frutos. Nozes

fruta (f)	Frucht (f)	[fʀuχt]
maçã (f)	Apfel (m)	['apfəl]
pera (f)	Birne (f)	['bɪʁnə]
limão (m)	Zitrone (f)	[tsi'tʀoːnə]
laranja (f)	Apfelsine (f)	[apfəl'ziːnə]
morango (m)	Erdbeere (f)	['eːɐ̯t̩beːʀə]

tangerina (f)	Mandarine (f)	[ˌmanda'ʀiːnə]
ameixa (f)	Pflaume (f)	['pflaʊmə]
pêssego (m)	Pfirsich (m)	['pfɪʁzɪç]
damasco (m)	Aprikose (f)	[ˌapʀi'koːzə]
framboesa (f)	Himbeere (f)	['hɪmˌbeːʀə]
abacaxi (m)	Ananas (f)	['ananas]

banana (f)	Banane (f)	[ba'naːnə]
melancia (f)	Wassermelone (f)	['vasɐmeˌloːnə]
uva (f)	Weintrauben (pl)	['vaɪnˌtʀaʊbən]
ginja (f)	Sauerkirsche (f)	['zaʊɐˌkɪʁʃə]
cereja (f)	Süßkirsche (f)	['zyːsˌkɪʁʃə]
melão (m)	Melone (f)	[me'loːnə]

toranja (f)	Grapefruit (f)	['gʀɛɪpˌfʀuːt]
abacate (m)	Avocado (f)	[avo'kaːdo]
mamão (m)	Papaya (f)	[pa'paːja]
manga (f)	Mango (f)	['maŋgo]
romã (f)	Granatapfel (m)	[gʀa'naːt̩ʔapfəl]

groselha (f) vermelha	rote Johannisbeere (f)	['ʀoːtə jo:'hanɪsbeːʀə]
groselha (f) negra	schwarze Johannisbeere (f)	['ʃvaʁtsə jo:'hanɪsbeːʀə]
groselha (f) espinhosa	Stachelbeere (f)	['ʃtaχəlˌbeːʀə]
mirtilo (m)	Heidelbeere (f)	['haɪdəlˌbeːʀə]
amora (f) silvestre	Brombeere (f)	['bʀɔmˌbeːʀə]

passa (f)	Rosinen (pl)	[ʀo'ziːnən]
figo (m)	Feige (f)	['faɪgə]
tâmara (f)	Dattel (f)	['datəl]

amendoim (m)	Erdnuss (f)	['eːɐ̯t̩nʊs]
amêndoa (f)	Mandel (f)	['mandəl]
noz (f)	Walnuss (f)	['valˌnʊs]
avelã (f)	Haselnuss (f)	['haːzəlˌnʊs]
coco (m)	Kokosnuss (f)	['koːkɔsˌnʊs]
pistaches (m pl)	Pistazien (pl)	[pɪs'taːtsɪən]

56. Pão. Bolaria

pastelaria (f)	Konditorwaren (pl)	[kɔn'ditoːɐ̯ˌvaːʀən]
pão (m)	Brot (n)	[bʀoːt]
biscoito (m), bolacha (f)	Keks (m, n)	[keːks]
chocolate (m)	Schokolade (f)	[ʃoko'laːdə]
de chocolate	Schokoladen-	[ʃoko'laːdən]

bala (f)	Bonbon (m, n)	[bɔŋ'bɔŋ]
doce (bolo pequeno)	Kuchen (m)	['ku:χən]
bolo (m) de aniversário	Torte (f)	['tɔʁtə]

| torta (f) | Kuchen (m) | ['ku:χən] |
| recheio (m) | Füllung (f) | ['fʏlʊŋ] |

geleia (m)	Konfitüre (f)	[ˌkɔnfi'ty:ʀə]
marmelada (f)	Marmelade (f)	[ˌmaʁmə'la:də]
wafers (m pl)	Waffeln (pl)	[vafəln]
sorvete (m)	Eis (n)	[aɪs]
pudim (m)	Pudding (m)	['pʊdɪŋ]

57. Especiarias

sal (m)	Salz (n)	[zalts]
salgado (adj)	salzig	['zaltsɪç]
salgar (vt)	salzen (vt)	['zaltsən]

pimenta-do-reino (f)	schwarzer Pfeffer (m)	['ʃvaʁtsɐ 'pfɛfɐ]
pimenta (f) vermelha	roter Pfeffer (m)	['ʀo:tɐ 'pfɛfɐ]
mostarda (f)	Senf (m)	[zɛnf]
raiz-forte (f)	Meerrettich (m)	['me:ɐˌʀɛtɪç]

condimento (m)	Gewürz (n)	[gə'vʏʁts]
especiaria (f)	Gewürz (n)	[gə'vʏʁts]
molho (~ inglês)	Soße (f)	['zo:sə]
vinagre (m)	Essig (m)	['ɛsɪç]

anis estrelado (m)	Anis (m)	[a'ni:s]
manjericão (m)	Basilikum (n)	[ba'zi:likʊm]
cravo (m)	Nelke (f)	['nɛlkə]
gengibre (m)	Ingwer (m)	['ɪŋvɐ]
coentro (m)	Koriander (m)	[ko'ʀɪandɐ]
canela (f)	Zimt (m)	[tsɪmt]

gergelim (m)	Sesam (m)	['ze:zam]
folha (f) de louro	Lorbeerblatt (n)	['lɔʁbe:ɐˌblat]
páprica (f)	Paprika (m)	['papʁika]
cominho (m)	Kümmel (m)	['kʏməl]
açafrão (m)	Safran (m)	['zafʀan]

INFORMAÇÃO PESSOAL. FAMÍLIA

58. Informação pessoal. Formulários

nome (m)	Vorname (m)	['foːɐ̯ˌnaːmə]
sobrenome (m)	Name (m)	['naːmə]
data (f) de nascimento	Geburtsdatum (n)	[gə'buːɐ̯tsˌdaːtʊm]
local (m) de nascimento	Geburtsort (m)	[gə'buːɐ̯tsˌʔɔɐ̯t]

nacionalidade (f)	Nationalität (f)	[natsjonali'tɛːt]
lugar (m) de residência	Wohnort (m)	['voːnˌʔɔɐ̯t]
país (m)	Land (n)	[lant]
profissão (f)	Beruf (m)	[bə'ʁuːf]

sexo (m)	Geschlecht (n)	[gə'ʃlɛçt]
estatura (f)	Größe (f)	['gʁøːsə]
peso (m)	Gewicht (n)	[gə'vɪçt]

59. Membros da família. Parentes

mãe (f)	Mutter (f)	['mʊtɐ]
pai (m)	Vater (m)	['faːtɐ]
filho (m)	Sohn (m)	[zoːn]
filha (f)	Tochter (f)	['tɔχtɐ]

caçula (f)	jüngste Tochter (f)	['jʏŋstə 'tɔχtɐ]
caçula (m)	jüngste Sohn (m)	['jʏŋstə 'zoːn]
filha (f) mais velha	ältere Tochter (f)	['ɛltəʁɐ 'tɔχtɐ]
filho (m) mais velho	älterer Sohn (m)	['ɛltəʁɐ 'zoːn]

| irmão (m) | Bruder (m) | ['bʁuːdɐ] |
| irmã (f) | Schwester (f) | ['ʃvɛstɐ] |

primo (m)	Cousin (m)	[ku'zɛŋ]
prima (f)	Cousine (f)	[ku'ziːnə]
mamãe (f)	Mama (f)	['mama]
papai (m)	Papa (m)	['papa]
pais (pl)	Eltern (pl)	['ɛltɐn]
criança (f)	Kind (n)	[kɪnt]
crianças (f pl)	Kinder (pl)	['kɪndɐ]

avó (f)	Großmutter (f)	['gʁoːsˌmʊtɐ]
avô (m)	Großvater (m)	['gʁoːsˌfaːtɐ]
neto (m)	Enkel (m)	['ɛŋkəl]
neta (f)	Enkelin (f)	['ɛŋkəlɪn]
netos (pl)	Enkelkinder (pl)	['ɛŋkəlˌkɪndɐ]
tio (m)	Onkel (m)	['ɔŋkəl]
tia (f)	Tante (f)	['tantə]

sobrinho (m)	Neffe (m)	['nɛfə]
sobrinha (f)	Nichte (f)	['nɪçtə]

sogra (f)	Schwiegermutter (f)	['ʃviːgeˌmʊtə]
sogro (m)	Schwiegervater (m)	['ʃviːgeˌfaːtə]
genro (m)	Schwiegersohn (m)	['ʃviːgeˌzoːn]
madrasta (f)	Stiefmutter (f)	['ʃtiːfˌmʊtə]
padrasto (m)	Stiefvater (m)	['ʃtiːfˌfaːtə]

criança (f) de colo	Säugling (m)	['zɔɪklɪŋ]
bebê (m)	Kleinkind (n)	['klaɪnˌkɪnt]
menino (m)	Kleine (m)	['klaɪnə]

mulher (f)	Frau (f)	[fʀaʊ]
marido (m)	Mann (m)	[man]
esposo (m)	Ehemann (m)	['eːəˌman]
esposa (f)	Gemahlin (f)	[gə'maːlɪn]

casado (adj)	verheiratet	[fɛɐ'haɪʀaːtət]
casada (adj)	verheiratet	[fɛɐ'haɪʀaːtət]
solteiro (adj)	ledig	['leːdɪç]
solteirão (m)	Junggeselle (m)	['jʊŋgəˌzɛlə]
divorciado (adj)	geschieden	[gə'ʃiːdən]
viúva (f)	Witwe (f)	['vɪtvə]
viúvo (m)	Witwer (m)	['vɪtvə]

parente (m)	Verwandte (m)	[fɛɐ'vantə]
parente (m) próximo	naher Verwandter (m)	['naːɐ fɛɐ'vantə]
parente (m) distante	entfernter Verwandter (m)	[ɛnt'fɛʀntɐ fɛɐ'vantə]
parentes (m pl)	Verwandte (pl)	[fɛɐ'vantə]

órfão (m), órfã (f)	Waise (m, f)	['vaɪzə]
tutor (m)	Vormund (m)	['foːɐˌmʊnt]
adotar (um filho)	adoptieren (vt)	[adɔp'tiːʀən]
adotar (uma filha)	adoptieren (vt)	[adɔp'tiːʀən]

60. Amigos. Colegas de trabalho

amigo (m)	Freund (m)	[fʀɔɪnt]
amiga (f)	Freundin (f)	['fʀɔɪndɪn]
amizade (f)	Freundschaft (f)	['fʀɔɪntʃaft]
ser amigos	befreundet sein	[bə'fʀɔɪndət zaɪn]

amigo (m)	Freund (m)	[fʀɔɪnt]
amiga (f)	Freundin (f)	['fʀɔɪndɪn]
parceiro (m)	Partner (m)	['paʁtnə]

chefe (m)	Chef (m)	[ʃɛf]
superior (m)	Vorgesetzte (m)	['foːɐgəˌzɛtstə]
proprietário (m)	Besitzer (m)	[bə'zɪtsɐ]
subordinado (m)	Untergeordnete (m)	['untegəˌʔɔʁtnətə]
colega (m, f)	Kollege (m), Kollegin (f)	[kɔ'leːgə], [kɔ'leːgɪn]
conhecido (m)	Bekannte (m)	[bə'kantə]
companheiro (m) de viagem	Reisegefährte (m)	['ʀaɪzəˌgə'fɛːɐtə]

colega (m) de classe	Mitschüler (m)	['mɪtʃyːlɐ]
vizinho (m)	Nachbar (m)	['naχˌbaːɐ]
vizinha (f)	Nachbarin (f)	['naχbaːʀɪn]
vizinhos (pl)	Nachbarn (pl)	['naχbaːɐn]

CORPO HUMANO. MEDICINA

61. Cabeça

cabeça (f)	**Kopf** (m)	[kɔpf]
rosto, cara (f)	**Gesicht** (n)	[gə'zɪçt]
nariz (m)	**Nase** (f)	['naːzə]
boca (f)	**Mund** (m)	[mʊnt]
olho (m)	**Auge** (n)	['aʊgə]
olhos (m pl)	**Augen** (pl)	['aʊgən]
pupila (f)	**Pupille** (f)	[pu'pɪlə]
sobrancelha (f)	**Augenbraue** (f)	['aʊgən͵bʀaʊə]
cílio (f)	**Wimper** (f)	['vɪmpɐ]
pálpebra (f)	**Augenlid** (n)	['aʊgən͵liːt]
língua (f)	**Zunge** (f)	['tsʊŋə]
dente (m)	**Zahn** (m)	[tsaːn]
lábios (m pl)	**Lippen** (pl)	['lɪpən]
maçãs (f pl) do rosto	**Backenknochen** (pl)	['bakən͵knɔχən]
gengiva (f)	**Zahnfleisch** (n)	['tsaːn͵flaɪʃ]
palato (m)	**Gaumen** (m)	['gaʊmən]
narinas (f pl)	**Nasenlöcher** (pl)	['naːzən͵lœçɐ]
queixo (m)	**Kinn** (n)	[kɪn]
mandíbula (f)	**Kiefer** (m)	['kiːfɐ]
bochecha (f)	**Wange** (f)	['vaŋə]
testa (f)	**Stirn** (f)	[ʃtɪʀn]
têmpora (f)	**Schläfe** (f)	['ʃlɛːfə]
orelha (f)	**Ohr** (n)	[oːɐ]
costas (f pl) da cabeça	**Nacken** (m)	['nakən]
pescoço (m)	**Hals** (m)	[hals]
garganta (f)	**Kehle** (f)	['keːlə]
cabelo (m)	**Haare** (pl)	['haːʀə]
penteado (m)	**Frisur** (f)	[͵fʀi'zuːɐ]
corte (m) de cabelo	**Haarschnitt** (m)	['haːɐ͵ʃnɪt]
peruca (f)	**Perücke** (f)	[pe'ʀʏkə]
bigode (m)	**Schnurrbart** (m)	['ʃnʊʀ͵baːɐt]
barba (f)	**Bart** (m)	[baːɐt]
ter (~ barba, etc.)	**haben** (vt)	['haːbən]
trança (f)	**Zopf** (m)	[tsɔpf]
suíças (f pl)	**Backenbart** (m)	['bakən͵baːɐt]
ruivo (adj)	**rothaarig**	['ʀoːt͵haːʀɪç]
grisalho (adj)	**grau**	[gʀaʊ]
careca (adj)	**kahl**	[kaːl]
calva (f)	**Glatze** (f)	['glatsə]

| rabo-de-cavalo (m) | Pferdeschwanz (m) | ['pfe:ɐdəˌʃvants] |
| franja (f) | Pony (m) | ['pɔni] |

62. Corpo humano

| mão (f) | Hand (f) | [hant] |
| braço (m) | Arm (m) | [aʁm] |

dedo (m)	Finger (m)	['fɪŋɐ]
dedo (m) do pé	Zehe (f)	['tse:ə]
polegar (m)	Daumen (m)	['daʊmən]
dedo (m) mindinho	kleiner Finger (m)	['klaɪnɐ 'fɪŋɐ]
unha (f)	Nagel (m)	['na:gəl]

punho (m)	Faust (f)	[faʊst]
palma (f)	Handfläche (f)	['hant·ˌflɛçə]
pulso (m)	Handgelenk (n)	['hant·gəˌlɛŋk]
antebraço (m)	Unterarm (m)	['ʊntɐˌʔaʁm]
cotovelo (m)	Ellbogen (m)	['ɛlˌbo:gən]
ombro (m)	Schulter (f)	['ʃʊltɐ]

perna (f)	Bein (n)	[baɪn]
pé (m)	Fuß (m)	[fu:s]
joelho (m)	Knie (n)	[kni:]
panturrilha (f)	Wade (f)	['va:də]
quadril (m)	Hüfte (f)	['hʏftə]
calcanhar (m)	Ferse (f)	['fɛʁzə]

corpo (m)	Körper (m)	['kœʁpɐ]
barriga (f), ventre (m)	Bauch (m)	['baʊχ]
peito (m)	Brust (f)	[bʁʊst]
seio (m)	Busen (m)	['bu:zən]
lado (m)	Seite (f), Flanke (f)	['zaɪtə], ['flaŋkə]
costas (dorso)	Rücken (m)	['ʁʏkən]
região (f) lombar	Kreuz (n)	[kʁɔɪts]
cintura (f)	Taille (f)	['taljə]

umbigo (m)	Nabel (m)	['na:bəl]
nádegas (f pl)	Gesäßbacken (pl)	[gə'zɛ:sˌbakən]
traseiro (m)	Hinterteil (n)	['hɪntɐˌtaɪl]

sinal (m), pinta (f)	Leberfleck (m)	['le:bɐˌflɛk]
sinal (m) de nascença	Muttermal (n)	['mu:tɐˌma:l]
tatuagem (f)	Tätowierung (f)	[tɛto'vi:ʁʊŋ]
cicatriz (f)	Narbe (f)	['naʁbə]

63. Doenças

doença (f)	Krankheit (f)	['kʁaŋkhaɪt]
estar doente	krank sein	[kʁaŋk zaɪn]
saúde (f)	Gesundheit (f)	[gə'zʊnthaɪt]
nariz (m) escorrendo	Schnupfen (m)	['ʃnʊpfən]

amigdalite (f)	Angina (f)	[aŋˈgiːna]
resfriado (m)	Erkältung (f)	[ɛɐˈkɛltʊŋ]
ficar resfriado	sich erkälten	[zɪç ɛɐˈkɛltən]

bronquite (f)	Bronchitis (f)	[brɔnˈçiːtɪs]
pneumonia (f)	Lungenentzündung (f)	[ˈlʊŋənʔɛntˌtsʏndʊŋ]
gripe (f)	Grippe (f)	[ˈgrɪpə]

míope (adj)	kurzsichtig	[ˈkʊɐtsˌzɪçtɪç]
presbita (adj)	weitsichtig	[ˈvaɪtˌzɪçtɪç]
estrabismo (m)	Schielen (n)	[ˈʃiːlən]
estrábico, vesgo (adj)	schielend	[ˈʃiːlənt]
catarata (f)	grauer Star (m)	[ˈgraʊɐ ʃtaːɐ]
glaucoma (m)	Glaukom (n)	[glauˈkoːm]

AVC (m), apoplexia (f)	Schlaganfall (m)	[ˈʃlaːkʔanˌfal]
ataque (m) cardíaco	Infarkt (m)	[ɪnˈfaɐkt]
enfarte (m) do miocárdio	Herzinfarkt (m)	[ˈhɛɐtsʔɪnˌfaɐkt]
paralisia (f)	Lähmung (f)	[ˈlɛːmʊŋ]
paralisar (vt)	lähmen (vt)	[ˈlɛːmən]

alergia (f)	Allergie (f)	[ˌalɛɐˈgiː]
asma (f)	Asthma (n)	[ˈastma]
diabetes (f)	Diabetes (m)	[diaˈbeːtɛs]

dor (f) de dente	Zahnschmerz (m)	[ˈtsaːnˌʃmɛɐts]
cárie (f)	Karies (f)	[ˈkaːrɪɛs]

diarreia (f)	Durchfall (m)	[ˈdʊɐçˌfal]
prisão (f) de ventre	Verstopfung (f)	[fɛɐˈʃtɔpfʊŋ]
desarranjo (m) intestinal	Magenverstimmung (f)	[ˈmaːgənˌfɛɐʃtɪmʊŋ]
intoxicação (f) alimentar	Vergiftung (f)	[fɛɐˈgɪftʊŋ]
intoxicar-se	Vergiftung bekommen	[fɛɐˈgɪftʊŋ bəˈkɔmən]

artrite (f)	Arthritis (f)	[aɐˈtriːtɪs]
raquitismo (m)	Rachitis (f)	[raˈxiːtɪs]
reumatismo (m)	Rheumatismus (m)	[rɔɪmaˈtɪsmʊs]
arteriosclerose (f)	Atherosklerose (f)	[atɛɐoskleˈroːzə]

gastrite (f)	Gastritis (f)	[gasˈtriːtɪs]
apendicite (f)	Blinddarmentzündung (f)	[ˈblɪntdaɐmʔɛntˌtsʏndʊŋ]
colecistite (f)	Cholezystitis (f)	[çoletsʏsˈtiːtɪs]
úlcera (f)	Geschwür (n)	[gəˈʃvyːɐ]

sarampo (m)	Masern (pl)	[ˈmaːzɐn]
rubéola (f)	Röteln (pl)	[ˈrøːtəln]
icterícia (f)	Gelbsucht (f)	[ˈgɛlpˌzuxt]
hepatite (f)	Hepatitis (f)	[ˌhepaˈtiːtɪs]

esquizofrenia (f)	Schizophrenie (f)	[ʃitsofreˈniː]
raiva (f)	Tollwut (f)	[ˈtɔlˌvuːt]
neurose (f)	Neurose (f)	[nɔɪˈroːzə]
contusão (f) cerebral	Gehirnerschütterung (f)	[gəˈhɪɐnʔɛɐʃʏtəʁʊŋ]

câncer (m)	Krebs (m)	[kreːps]
esclerose (f)	Sklerose (f)	[skleˈroːzə]

esclerose (f) múltipla	multiple Sklerose (f)	[mʊl'tiːplə skle'roːzə]
alcoolismo (m)	Alkoholismus (m)	[ˌalkoho'lɪsmʊs]
alcoólico (m)	Alkoholiker (m)	[alko'hoːlike]
sífilis (f)	Syphilis (f)	['zyːfilɪs]
AIDS (f)	AIDS	['eɪts]

tumor (m)	Tumor (m)	['tuːmoːɐ]
maligno (adj)	bösartig	['bøːsˌʔaːɐtɪç]
benigno (adj)	gutartig	['guːtˌʔaːɐtɪç]
febre (f)	Fieber (n)	['fiːbɐ]
malária (f)	Malaria (f)	[ma'laːʀɪa]
gangrena (f)	Gangrän (f, n)	[gaŋ'gʀɛːn]
enjoo (m)	Seekrankheit (f)	['zeːˌkʀaŋkhaɪt]
epilepsia (f)	Epilepsie (f)	[epilɛ'psiː]

epidemia (f)	Epidemie (f)	[epide'miː]
tifo (m)	Typhus (m)	['tyːfʊs]
tuberculose (f)	Tuberkulose (f)	[tubɛʁku'loːzə]
cólera (f)	Cholera (f)	['koːleʀa]
peste (f) bubônica	Pest (f)	[pɛst]

64. Sintomas. Tratamentos. Parte 1

sintoma (m)	Symptom (n)	[zʏmp'toːm]
temperatura (f)	Temperatur (f)	[tɛmpəʀa'tuːɐ]
febre (f)	Fieber (n)	['fiːbɐ]
pulso (m)	Puls (m)	[pʊls]

vertigem (f)	Schwindel (m)	['ʃvɪndəl]
quente (testa, etc.)	heiß	[haɪs]
calafrio (m)	Schüttelfrost (m)	['ʃʏtəlˌfʀɔst]
pálido (adj)	blass	[blas]

tosse (f)	Husten (m)	['huːstən]
tossir (vi)	husten (vi)	['huːstən]
espirrar (vi)	niesen (vi)	['niːzən]
desmaio (m)	Ohnmacht (f)	['oːnˌmaxt]
desmaiar (vi)	ohnmächtig werden	['oːnˌmɛçtɪç 've:ɐdən]

mancha (f) preta	blauer Fleck (m)	['blaʊɐ flɛk]
galo (m)	Beule (f)	['bɔɪlə]
machucar-se (vr)	sich stoßen	[zɪç 'ʃtoːsən]
contusão (f)	Prellung (f)	['pʀɛlʊŋ]
machucar-se (vr)	sich stoßen	[zɪç 'ʃtoːsən]

mancar (vi)	hinken (vi)	['hɪŋkən]
deslocamento (f)	Verrenkung (f)	[fɛɐ'ʀɛnkʊŋ]
deslocar (vt)	ausrenken (vt)	['aʊsˌʀɛŋkən]
fratura (f)	Fraktur (f)	[fʀak'tuːɐ]
fraturar (vt)	brechen (vt)	['bʀɛçən]

corte (m)	Schnittwunde (f)	['ʃnɪtˌvʊndə]
cortar-se (vr)	sich schneiden	[zɪç 'ʃnaɪdən]
hemorragia (f)	Blutung (f)	['bluːtʊŋ]

| queimadura (f) | Verbrennung (f) | [fɛɐ'bʀɛnʊŋ] |
| queimar-se (vr) | sich verbrennen | [zɪç fɛɐ'bʀɛnən] |

picar (vt)	stechen (vt)	['ʃtɛçən]
picar-se (vr)	sich stechen	[zɪç 'ʃtɛçən]
lesionar (vt)	verletzen (vt)	[fɛɐ'lɛtsən]
lesão (m)	Verletzung (f)	[fɛɐ'lɛtsʊŋ]
ferida (f), ferimento (m)	Wunde (f)	['vʊndə]
trauma (m)	Trauma (n)	['tʀaʊma]

delirar (vi)	irrereden (vi)	['ɪʀə͜ʀe:dən]
gaguejar (vi)	stottern (vi)	['ʃtɔtən]
insolação (f)	Sonnenstich (m)	['zɔnən͜ʃtɪç]

65. Sintomas. Tratamentos. Parte 2

| dor (f) | Schmerz (m) | [ʃmɛʁts] |
| farpa (no dedo, etc.) | Splitter (m) | ['ʃplɪtɐ] |

suor (m)	Schweiß (m)	[ʃvaɪs]
suar (vi)	schwitzen (vi)	['ʃvɪtsən]
vômito (m)	Erbrechen (n)	[ɛɐ'bʀɛçən]
convulsões (f pl)	Krämpfe (pl)	['kʀɛmpfə]

grávida (adj)	schwanger	['ʃvaŋɐ]
nascer (vi)	geboren sein	[gə'bo:ʀən zaɪn]
parto (m)	Geburt (f)	[gə'bu:ɐt]
dar à luz	gebären (vt)	[gə'bɛ:ʀən]
aborto (m)	Abtreibung (f)	['ap͜tʀaɪbʊŋ]

respiração (f)	Atem (m)	['a:təm]
inspiração (f)	Atemzug (m)	['a:təm͜tsu:k]
expiração (f)	Ausatmung (f)	['aʊs͜ʔa:tmʊŋ]
expirar (vi)	ausatmen (vt)	['aʊs͜ʔa:tmən]
inspirar (vi)	einatmen (vt)	['aɪn͜ʔa:tmən]

inválido (m)	Invalide (m)	[ɪnva'li:də]
aleijado (m)	Krüppel (m)	['kʀʏpəl]
drogado (m)	Drogenabhängiger (m)	['dʀo:gən͜ʔaphɛŋɪgɐ]

surdo (adj)	taub	[taʊp]
mudo (adj)	stumm	[ʃtʊm]
surdo-mudo (adj)	taubstumm	['taʊp͜ʃtʊm]

louco, insano (adj)	verrückt	[fɛɐ'ʀʏkt]
louco (m)	Irre (m)	['ɪʀə]
louca (f)	Irre (f)	['ɪʀə]
ficar louco	den Verstand verlieren	[den fɛɐ'ʃtant fɛɐ'li:ʀən]

gene (m)	Gen (n)	[ge:n]
imunidade (f)	Immunität (f)	[ɪmuni'tɛ:t]
hereditário (adj)	erblich	['ɛʁplɪç]
congênito (adj)	angeboren	['angə͜bo:ʀən]
vírus (m)	Virus (m, n)	['vi:ʀʊs]

micróbio (m)	Mikrobe (f)	[mi'kʀo:bə]
bactéria (f)	Bakterie (f)	[bak'te:ʀɪə]
infecção (f)	Infektion (f)	[ɪnfɛk'tsjo:n]

66. Sintomas. Tratamentos. Parte 3

| hospital (m) | Krankenhaus (n) | ['kʀaŋkən‚haus] |
| paciente (m) | Patient (m) | [pa'tsɪɛnt] |

diagnóstico (m)	Diagnose (f)	[dia'gno:zə]
cura (f)	Heilung (f)	['haɪlʊŋ]
tratamento (m) médico	Behandlung (f)	[bə'handlʊŋ]
curar-se (vr)	Behandlung bekommen	[bə'handlʊŋ bə'kɔmən]
tratar (vt)	behandeln (vt)	[bə'handəln]
cuidar (pessoa)	pflegen (vt)	['pfle:gən]
cuidado (m)	Pflege (f)	['pfle:gə]

operação (f)	Operation (f)	[opəʀa'tsjo:n]
enfaixar (vt)	verbinden (vt)	[fɛɐ'bɪndən]
enfaixamento (m)	Verband (m)	[fɛɐ'bant]

vacinação (f)	Impfung (f)	['ɪmpfʊŋ]
vacinar (vt)	impfen (vt)	['ɪmpfən]
injeção (f)	Spritze (f)	['ʃpʀɪtsə]
dar uma injeção	eine Spritze geben	['aɪnə 'ʃpʀɪtsə 'ge:bən]

ataque (~ de asma, etc.)	Anfall (m)	['an‚fal]
amputação (f)	Amputation (f)	[amputa'tsjo:n]
amputar (vt)	amputieren (vt)	[ampu'ti:ʀən]
coma (f)	Koma (n)	['ko:ma]
estar em coma	im Koma liegen	[ɪm 'ko:ma 'li:gən]
reanimação (f)	Reanimation (f)	[ʀe?anima'tsjo:n]

recuperar-se (vr)	genesen von ...	[gə'ne:zən fɔn]
estado (~ de saúde)	Zustand (m)	['tsu:‚ʃtant]
consciência (perder a ~)	Bewusstsein (n)	[bə'vʊstzaɪn]
memória (f)	Gedächtnis (n)	[gə'dɛçtnɪs]

tirar (vt)	ziehen (vt)	['tsi:ən]
obturação (f)	Plombe (f)	['plɔmbə]
obturar (vt)	plombieren (vt)	[plɔm'bi:ʀən]

| hipnose (f) | Hypnose (f) | [hʏp'no:zə] |
| hipnotizar (vt) | hypnotisieren (vt) | [hʏpnoti'zi:ʀən] |

67. Medicina. Drogas. Acessórios

medicamento (m)	Arznei (f)	[aʁts'naɪ]
remédio (m)	Heilmittel (n)	['haɪl‚mɪtəl]
receitar (vt)	verschreiben (vt)	[fɛɐ'ʃʀaɪbən]
receita (f)	Rezept (n)	[ʀe'tsɛpt]
comprimido (m)	Tablette (f)	[tab'letə]

unguento (m)	Salbe (f)	['zalbə]
ampola (f)	Ampulle (f)	[am'pʊlə]
solução, preparado (m)	Mixtur (f)	[mɪks'tu:ɐ]
xarope (m)	Sirup (m)	['zi:ʀʊp]
cápsula (f)	Pille (f)	['pɪlə]
pó (m)	Pulver (n)	['pʊlfɐ]

atadura (f)	Verband (m)	[fɛɐ'bant]
algodão (m)	Watte (f)	['vatə]
iodo (m)	Jod (n)	[jo:t]

curativo (m) adesivo	Pflaster (n)	['pflastɐ]
conta-gotas (m)	Pipette (f)	[pi'pɛtə]
termômetro (m)	Thermometer (n)	[tɛʀmo'me:tɐ]
seringa (f)	Spritze (f)	['ʃpʀɪtsə]

| cadeira (f) de rodas | Rollstuhl (m) | ['ʀɔlʃtu:l] |
| muletas (f pl) | Krücken (pl) | ['kʀʏkən] |

analgésico (m)	Betäubungsmittel (n)	[bə'tɔɪbʊŋsˌmɪtəl]
laxante (m)	Abführmittel (n)	['apfy:ɐˌmɪtəl]
álcool (m)	Spiritus (m)	['spi:ʀɪtʊs]
ervas (f pl) medicinais	Heilkraut (n)	['haɪlˌkʀaʊt]
de ervas (chá ~)	Kräuter-	['kʀɔɪtɐ]

APARTAMENTO

68. Apartamento

apartamento (m)	Wohnung (f)	['vo:nʊŋ]
quarto, cômodo (m)	Zimmer (n)	['tsɪmɐ]
quarto (m) de dormir	Schlafzimmer (n)	['ʃlaːfˌtsɪmɐ]
sala (f) de jantar	Esszimmer (n)	['ɛsˌtsɪmɐ]
sala (f) de estar	Wohnzimmer (n)	['voːnˌtsɪmɐ]
escritório (m)	Arbeitszimmer (n)	['aʁbaɪtsˌtsɪmɐ]
sala (f) de entrada	Vorzimmer (n)	['foːɐˌtsɪmɐ]
banheiro (m)	Badezimmer (n)	['baːdəˌtsɪmɐ]
lavabo (m)	Toilette (f)	[toa'lɛtə]
teto (m)	Decke (f)	['dɛkə]
chão, piso (m)	Fußboden (m)	['fuːsˌboːdən]
canto (m)	Ecke (f)	['ɛkə]

69. Mobiliário. Interior

mobiliário (m)	Möbel (n)	['møːbəl]
mesa (f)	Tisch (m)	[tɪʃ]
cadeira (f)	Stuhl (m)	[ʃtuːl]
cama (f)	Bett (n)	[bɛt]
sofá, divã (m)	Sofa (n)	['zoːfa]
poltrona (f)	Sessel (m)	['zɛsəl]
estante (f)	Bücherschrank (m)	['byːçɐˌʃʁaŋk]
prateleira (f)	Regal (n)	[ʁe'gaːl]
guarda-roupas (m)	Schrank (m)	[ʃʁaŋk]
cabide (m) de parede	Hakenleiste (f)	['haːkənˌlaɪstə]
cabideiro (m) de pé	Kleiderständer (m)	['klaɪdɐˌʃtɛndɐ]
cômoda (f)	Kommode (f)	[kɔ'moːdə]
mesinha (f) de centro	Couchtisch (m)	['kaʊtʃˌtɪʃ]
espelho (m)	Spiegel (m)	['ʃpiːgəl]
tapete (m)	Teppich (m)	['tɛpɪç]
tapete (m) pequeno	Matte (f)	['matə]
lareira (f)	Kamin (m)	[ka'miːn]
vela (f)	Kerze (f)	['kɛʁtsə]
castiçal (m)	Kerzenleuchter (m)	['kɛʁtsənˌlɔɪçtɐ]
cortinas (f pl)	Vorhänge (pl)	['foːɐhɛŋə]
papel (m) de parede	Tapete (f)	[ta'peːtə]

persianas (f pl)	Jalousie (f)	[ʒalu'zi:]
luminária (f) de mesa	Tischlampe (f)	['tɪʃˌlampə]
luminária (f) de parede	Leuchte (f)	['lɔɪçtə]
abajur (m) de pé	Stehlampe (f)	['ʃteːˌlampə]
lustre (m)	Kronleuchter (m)	['kʁoːnˌlɔɪçtə]

pé (de mesa, etc.)	Bein (n)	[baɪn]
braço, descanso (m)	Armlehne (f)	['aʁmˌleːnə]
costas (f pl)	Lehne (f)	['leːnə]
gaveta (f)	Schublade (f)	['ʃuːpˌlaːdə]

70. Quarto de dormir

roupa (f) de cama	Bettwäsche (f)	['bɛtˌvɛʃə]
travesseiro (m)	Kissen (n)	['kɪsən]
fronha (f)	Kissenbezug (m)	['kɪsən·bəˌtsuːk]
cobertor (m)	Bettdecke (f)	['bɛtˌdɛkə]
lençol (m)	Laken (n)	['laːkən]
colcha (f)	Tagesdecke (f)	['taːgəsˌdɛkə]

71. Cozinha

cozinha (f)	Küche (f)	['kyçə]
gás (m)	Gas (n)	[gaːs]
fogão (m) a gás	Gasherd (m)	['gaːsˌheːɐt]
fogão (m) elétrico	Elektroherd (m)	[e'lɛktʁoˌheːɐt]
forno (m)	Backofen (m)	['bakˌʔoːfən]
forno (m) de micro-ondas	Mikrowellenherd (m)	['mikʁovɛlənˌheːɐt]

geladeira (f)	Kühlschrank (m)	['kyːlˌʃʁaŋk]
congelador (m)	Tiefkühltruhe (f)	['tiːfkyːlˌtʁuːə]
máquina (f) de lavar louça	Geschirrspülmaschine (f)	[gə'ʃɪʁ·ʃpyːl·maˌʃiːnə]

moedor (m) de carne	Fleischwolf (m)	['flaɪʃˌvɔlf]
espremedor (m)	Saftpresse (f)	['zaftˌpʁɛsə]
torradeira (f)	Toaster (m)	['toːstɐ]
batedeira (f)	Mixer (m)	['mɪksɐ]

máquina (f) de café	Kaffeemaschine (f)	['kafe·maˌʃiːnə]
cafeteira (f)	Kaffeekanne (f)	['kafeˌkanə]
moedor (m) de café	Kaffeemühle (f)	['kafeˌmyːlə]

chaleira (f)	Wasserkessel (m)	['vasɐˌkɛsəl]
bule (m)	Teekanne (f)	['teːˌkanə]
tampa (f)	Deckel (m)	['dɛkəl]
coador (m) de chá	Teesieb (n)	['teːˌziːp]

colher (f)	Löffel (m)	['lœfəl]
colher (f) de chá	Teelöffel (m)	['teːˌlœfəl]
colher (f) de sopa	Esslöffel (m)	['ɛsˌlœfəl]
garfo (m)	Gabel (f)	[gaːbəl]
faca (f)	Messer (n)	['mɛsɐ]

louça (f)	Geschirr (n)	[gə'ʃɪʁ]
prato (m)	Teller (m)	['tɛlɐ]
pires (m)	Untertasse (f)	['ʊntɐˌtasə]

cálice (m)	Schnapsglas (n)	['ʃnapsˌglaːs]
copo (m)	Glas (n)	[glaːs]
xícara (f)	Tasse (f)	['tasə]

açucareiro (m)	Zuckerdose (f)	['tsʊkɐˌdoːzə]
saleiro (m)	Salzstreuer (m)	['zaltsˌʃtʁɔɪɐ]
pimenteiro (m)	Pfefferstreuer (m)	['pfɛfɐˌʃtʁɔɪɐ]
manteigueira (f)	Butterdose (f)	['bʊtɐˌdoːzə]

panela (f)	Kochtopf (m)	['kɔxˌtɔpf]
frigideira (f)	Pfanne (f)	['pfanə]
concha (f)	Schöpflöffel (m)	['ʃœpfˌlœfəl]
coador (m)	Durchschlag (m)	['dʊʁçˌʃlaːk]
bandeja (f)	Tablett (n)	[ta'blɛt]

garrafa (f)	Flasche (f)	['flaʃə]
pote (m) de vidro	Einmachglas (n)	['aɪnmaxˌglaːs]
lata (~ de cerveja)	Dose (f)	['doːzə]

abridor (m) de garrafa	Flaschenöffner (m)	['flaʃənˌʔœfnɐ]
abridor (m) de latas	Dosenöffner (m)	['doːzənˌʔœfnɐ]
saca-rolhas (m)	Korkenzieher (m)	['kɔʁkənˌtsiːɐ]
filtro (m)	Filter (n)	['fɪltɐ]
filtrar (vt)	filtern (vt)	['fɪltɐn]

| lixo (m) | Müll (m) | [mʏl] |
| lixeira (f) | Mülleimer (m) | ['mʏlˌʔaɪmɐ] |

72. Casa de banho

banheiro (m)	Badezimmer (n)	['baːdəˌtsɪmɐ]
água (f)	Wasser (n)	['vasɐ]
torneira (f)	Wasserhahn (m)	['vasɐˌhaːn]
água (f) quente	Warmwasser (n)	['vaʁmˌvasɐ]
água (f) fria	Kaltwasser (n)	['kaltˌvasɐ]

pasta (f) de dente	Zahnpasta (f)	['tsaːnˌpasta]
escovar os dentes	Zähne putzen	['tsɛːnə 'pʊtsən]
escova (f) de dente	Zahnbürste (f)	['tsaːnˌbʏʁstə]

barbear-se (vr)	sich rasieren	[zɪç ʁa'ziːʁən]
espuma (f) de barbear	Rasierschaum (m)	[ʁa'ziːɐˌʃaʊm]
gilete (f)	Rasierer (m)	[ʁa'ziːʁɐ]

lavar (vt)	waschen (vt)	['vaʃən]
tomar banho	sich waschen	[zɪç 'vaʃən]
chuveiro (m), ducha (f)	Dusche (f)	['duːʃə]
tomar uma ducha	sich duschen	[zɪç 'duːʃən]
banheira (f)	Badewanne (f)	['baːdəˌvanə]
vaso (m) sanitário	Klosettbecken (n)	[klo'zɛtˌbɛkən]

pia (f)	Waschbecken (n)	['vaʃˌbɛkən]
sabonete (m)	Seife (f)	['zaɪfə]
saboneteira (f)	Seifenschale (f)	['zaɪfənˌʃaːlə]

esponja (f)	Schwamm (m)	[ʃvam]
xampu (m)	Shampoo (n)	['ʃampu]
toalha (f)	Handtuch (n)	['hantˌtuːx]
roupão (m) de banho	Bademantel (m)	['baːdəˌmantəl]

lavagem (f)	Wäsche (f)	['vɛʃə]
lavadora (f) de roupas	Waschmaschine (f)	['vaʃ·maˌʃiːnə]
lavar a roupa	waschen (vt)	['vaʃən]
detergente (m)	Waschpulver (n)	['vaʃˌpʊlvə]

73. Eletrodomésticos

televisor (m)	Fernseher (m)	['fɛʁnˌzeːɐ]
gravador (m)	Tonbandgerät (n)	['toːnbant·gəˌʁɛːt]
videogravador (m)	Videorekorder (m)	['video·ʁeˌkɔʁdə]
rádio (m)	Empfänger (m)	[ɛm'pfɛŋə]
leitor (m)	Player (m)	['plɛɪə]

projetor (m)	Videoprojektor (m)	['viːdeo·pʁoˌjɛktoːɐ]
cinema (m) em casa	Heimkino (n)	['haɪmkiːno]
DVD Player (m)	DVD-Player (m)	[defaʊ'deːˌplɛɪə]
amplificador (m)	Verstärker (m)	[fɛɐ'ʃtɛʁkə]
console (f) de jogos	Spielkonsole (f)	['ʃpiːlˌkɔnˌzoːlə]

câmera (f) de vídeo	Videokamera (f)	['viːdeoˌkaməʁa]
máquina (f) fotográfica	Kamera (f)	['kaməʁa]
câmera (f) digital	Digitalkamera (f)	[digi'taːlˌkaməʁa]

aspirador (m)	Staubsauger (m)	['ʃtaʊpˌzaʊgə]
ferro (m) de passar	Bügeleisen (n)	['byːgəlˌʔaɪzən]
tábua (f) de passar	Bügelbrett (n)	['byːgəlˌbʁɛt]

telefone (m)	Telefon (n)	[tele'foːn]
celular (m)	Mobiltelefon (n)	[mo'biːl·teleˌfoːn]
máquina (f) de escrever	Schreibmaschine (f)	['ʃʁaɪp·maˌʃiːnə]
máquina (f) de costura	Nähmaschine (f)	['nɛː·maˌʃiːnə]

microfone (m)	Mikrophon (n)	[mikʁo'foːn]
fone (m) de ouvido	Kopfhörer (m)	['kɔpfˌhøːʁə]
controle remoto (m)	Fernbedienung (f)	['fɛʁnbəˌdiːnʊŋ]

CD (m)	CD (f)	[tseː'deː]
fita (f) cassete	Kassette (f)	[ka'sɛtə]
disco (m) de vinil	Schallplatte (f)	['ʃalˌplatə]

A TERRA. TEMPO

74. Espaço sideral

espaço, cosmo (m)	Kosmos (m)	['kɔsmɔs]
espacial, cósmico (adj)	kosmisch, Raum-	['kɔsmɪʃ], ['ʀaʊm]
espaço (m) cósmico	Weltraum (m)	['vɛltʀaʊm]
mundo (m)	All (n)	[al]
universo (m)	Universum (n)	[uni'vɛʀzʊm]
galáxia (f)	Galaxie (f)	[gala'ksi:]
estrela (f)	Stern (m)	[ʃtɛʀn]
constelação (f)	Gestirn (n)	[gə'ʃtɪʀn]
planeta (m)	Planet (m)	[pla'ne:t]
satélite (m)	Satellit (m)	[zatɛ'li:t]
meteorito (m)	Meteorit (m)	[meteo'ʀi:t]
cometa (m)	Komet (m)	[ko'me:t]
asteroide (m)	Asteroid (m)	[asteʀo'i:t]
órbita (f)	Umlaufbahn (f)	['ʊmlaʊf‚ba:n]
girar (vi)	sich drehen	[zɪç 'dʀe:ən]
atmosfera (f)	Atmosphäre (f)	[ʔatmo'sfɛ:ʀə]
Sol (m)	Sonne (f)	['zɔnə]
Sistema (m) Solar	Sonnensystem (n)	['zɔnən‑zʏs‚te:m]
eclipse (m) solar	Sonnenfinsternis (f)	['zɔnən‚fɪnstɛnɪs]
Terra (f)	Erde (f)	['e:ɐdə]
Lua (f)	Mond (m)	[mo:nt]
Marte (m)	Mars (m)	[maʀs]
Vênus (f)	Venus (f)	['ve:nʊs]
Júpiter (m)	Jupiter (m)	['ju:pitɐ]
Saturno (m)	Saturn (m)	[za'tʊʀn]
Mercúrio (m)	Merkur (m)	[mɛʀ'ku:ɐ]
Urano (m)	Uran (m)	[u'ʀa:n]
Netuno (m)	Neptun (m)	[nɛp'tu:n]
Plutão (m)	Pluto (m)	['plu:to]
Via Láctea (f)	Milchstraße (f)	['mɪlçʃtʀa:sə]
Ursa Maior (f)	Der Große Bär	[de:ɐ 'gʀo:sə bɛ:ɐ]
Estrela Polar (f)	Polarstern (m)	[po'la:ɐʃtɛʀn]
marciano (m)	Marsbewohner (m)	['maʀs‑bə‚vo:nɐ]
extraterrestre (m)	Außerirdischer (m)	['aʊsɐ‚ʔɪʀdɪʃɐ]
alienígena (m)	außerirdisches Wesen (n)	['aʊsɐ‚ʔɪʀdɪʃəs 've:zən]

disco (m) voador	fliegende Untertasse (f)	['fli:gəndə 'ʊntɐ͵tasə]
espaçonave (f)	Raumschiff (n)	['ʀaʊmʃɪf]
estação (f) orbital	Raumstation (f)	['ʀaʊm·ʃtatsjo:n]
lançamento (m)	Raketenstart (m)	[ʀa'ke:tənʃtaʁt]

motor (m)	Triebwerk (n)	['tʀi:p͵vɛʁk]
bocal (m)	Düse (f)	['dy:zə]
combustível (m)	Treibstoff (m)	['tʀaɪpʃtɔf]

cabine (f)	Kabine (f)	[ka'bi:nə]
antena (f)	Antenne (f)	[an'tɛnə]

vigia (f)	Bullauge (n)	['bʊl͵ʔaʊgə]
bateria (f) solar	Sonnenbatterie (f)	['zɔnən͵batə'ʀi:]
traje (m) espacial	Raumanzug (m)	['ʀaʊm͵ʔantsu:k]

imponderabilidade (f)	Schwerelosigkeit (f)	['ʃve:ʀə͵lo:zɪçkaɪt]
oxigênio (m)	Sauerstoff (m)	['zaʊɐʃtɔf]

acoplagem (f)	Ankopplung (f)	['aŋkɔplʊŋ]
fazer uma acoplagem	koppeln (vi)	['kɔpəln]

observatório (m)	Observatorium (n)	[ɔpzɛʁva'to:ʀiʊm]
telescópio (m)	Teleskop (n)	[tele'sko:p]

observar (vt)	beobachten (vt)	[bə'ʔo:baxtən]
explorar (vt)	erforschen (vt)	[ɛʁ'fɔʁʃən]

75. A Terra

Terra (f)	Erde (f)	['e:ɐdə]
globo terrestre (Terra)	Erdkugel (f)	['e:ɐt·ku:gəl]
planeta (m)	Planet (m)	[pla'ne:t]

atmosfera (f)	Atmosphäre (f)	[ʔatmo'sfɛ:ʀə]
geografia (f)	Geographie (f)	[͵geoɡʀa'fi:]
natureza (f)	Natur (f)	[na'tu:ɐ]

globo (mapa esférico)	Globus (m)	['glo:bʊs]
mapa (m)	Landkarte (f)	['lant͵kaʁtə]
atlas (m)	Atlas (m)	['atlas]

Europa (f)	Europa (n)	[ɔɪ'ʀo:pa]
Ásia (f)	Asien (n)	['a:ziən]

África (f)	Afrika (n)	['a:fʀika]
Austrália (f)	Australien (n)	[aʊs'tʀa:liən]

América (f)	Amerika (n)	[a'me:ʀika]
América (f) do Norte	Nordamerika (n)	['nɔʁt ʔa͵me:ʀika]
América (f) do Sul	Südamerika (n)	['zy:t ʔa'me:ʀika]

Antártida (f)	Antarktis (f)	[ant'ʔaʁktɪs]
Ártico (m)	Arktis (f)	['aʁktɪs]

76. Pontos cardeais

norte (m)	Norden (m)	['nɔʁdən]
para norte	nach Norden	[na:χ 'nɔʁdən]
no norte	im Norden	[ɪm 'nɔʁdən]
do norte (adj)	nördlich	['nœʁtlɪç]
sul (m)	Süden (m)	['zy:dən]
para sul	nach Süden	[na:χ 'zy:dən]
no sul	im Süden	[ɪm 'zy:dən]
do sul (adj)	südlich	['zy:tlɪç]
oeste, ocidente (m)	Westen (m)	['vɛstən]
para oeste	nach Westen	[na:χ 'vɛstən]
no oeste	im Westen	[ɪm 'vɛstən]
ocidental (adj)	westlich, West-	['vɛstlɪç], [vɛst]
leste, oriente (m)	Osten (m)	['ɔstən]
para leste	nach Osten	[na:χ 'ɔstən]
no leste	im Osten	[ɪm 'ɔstən]
oriental (adj)	östlich	['œstlɪç]

77. Mar. Oceano

mar (m)	Meer (n), See (f)	[me:ɐ], [ze:]
oceano (m)	Ozean (m)	['o:tsea:n]
golfo (m)	Golf (m)	[gɔlf]
estreito (m)	Meerenge (f)	['me:ɐˌʔɛŋə]
terra (f) firme	Festland (n)	['fɛstˌlant]
continente (m)	Kontinent (m)	['kɔntinɛnt]
ilha (f)	Insel (f)	['ɪnzəl]
península (f)	Halbinsel (f)	['halpˌʔɪnzəl]
arquipélago (m)	Archipel (m)	[ˌaʁçi'pe:l]
baía (f)	Bucht (f)	[buχt]
porto (m)	Hafen (m)	['ha:fən]
lagoa (f)	Lagune (f)	[la'gu:nə]
cabo (m)	Kap (n)	[kap]
atol (m)	Atoll (n)	[a'tɔl]
recife (m)	Riff (n)	[ʁɪf]
coral (m)	Koralle (f)	[ko'ʁalə]
recife (m) de coral	Korallenriff (n)	[ko'ʁalənˌʁɪf]
profundo (adj)	tief	[ti:f]
profundidade (f)	Tiefe (f)	['ti:fə]
abismo (m)	Abgrund (m)	['apˌgʁʊnt]
fossa (f) oceânica	Graben (m)	['gʁa:bən]
corrente (f)	Strom (m)	[ʃtʁo:m]
banhar (vt)	umspülen (vt)	['ʊmʃpy:lən]
litoral (m)	Ufer (n)	['u:fɐ]

costa (f)	Küste (f)	['kʏstə]
maré (f) alta	Flut (f)	[flu:t]
refluxo (m)	Ebbe (f)	['ɛbə]
restinga (f)	Sandbank (f)	['zantˌbaŋk]
fundo (m)	Boden (m)	['bo:dən]

onda (f)	Welle (f)	['vɛlə]
crista (f) da onda	Wellenkamm (m)	['vɛlənˌkam]
espuma (f)	Schaum (m)	[ʃaʊm]

tempestade (f)	Sturm (m)	[ʃtʊʁm]
furacão (m)	Orkan (m)	[ɔʁ'ka:n]
tsunami (m)	Tsunami (m)	[tsu'na:mi]
calmaria (f)	Windstille (f)	['vɪntˌʃtɪlə]
calmo (adj)	ruhig	['ʁu:ɪç]

| polo (m) | Pol (m) | [po:l] |
| polar (adj) | Polar- | [po'la:ɐ] |

latitude (f)	Breite (f)	['bʁaɪtə]
longitude (f)	Länge (f)	['lɛŋə]
paralela (f)	Breitenkreis (m)	['bʁaɪtəən·kʁaɪs]
equador (m)	Äquator (m)	[ɛ'kva:to:ɐ]

céu (m)	Himmel (m)	['hɪməl]
horizonte (m)	Horizont (m)	[hoʁi'tsɔnt]
ar (m)	Luft (f)	[lʊft]

farol (m)	Leuchtturm (m)	['lɔɪçtˌtʊʁm]
mergulhar (vi)	tauchen (vi)	['taʊxən]
afundar-se (vr)	versinken (vi)	[fɛɐ'zɪŋkən]
tesouros (m pl)	Schätze (pl)	['ʃɛtsə]

78. Nomes de Mares e Oceanos

Oceano (m) Atlântico	Atlantischer Ozean (m)	[atˌlantɪʃɐ 'o:tsea:n]
Oceano (m) Índico	Indischer Ozean (m)	['ɪndɪʃɐ 'o:tsea:n]
Oceano (m) Pacífico	Pazifischer Ozean (m)	[pa'tsi:fɪʃɐ 'o:tsea:n]
Oceano (m) Ártico	Arktischer Ozean (m)	['aʁktɪʃɐ 'o:tsea:n]

Mar (m) Negro	Schwarzes Meer (n)	['ʃvaʁtsəs 'me:ɐ]
Mar (m) Vermelho	Rotes Meer (n)	['ʁo:təs 'me:ɐ]
Mar (m) Amarelo	Gelbes Meer (n)	['gɛlbəs 'me:ɐ]
Mar (m) Branco	Weißes Meer (n)	[vaɪsəs 'me:ɐ]

Mar (m) Cáspio	Kaspisches Meer (n)	['kaspɪʃəs me:ɐ]
Mar (m) Morto	Totes Meer (n)	['to:təs me:ɐ]
Mar (m) Mediterrâneo	Mittelmeer (n)	['mɪtəlˌme:ɐ]

| Mar (m) Egeu | Ägäisches Meer (n) | [ɛ'gɛ:ɪʃəs 'me:ɐ] |
| Mar (m) Adriático | Adriatisches Meer (n) | [adʁi'a:tɪʃəs 'me:ɐ] |

| Mar (m) Arábico | Arabisches Meer (n) | [a'ʁa:bɪʃəs 'me:ɐ] |
| Mar (m) do Japão | Japanisches Meer (n) | [ja'pa:nɪʃəs me:ɐ] |

| Mar (m) de Bering | Beringmeer (n) | ['be:ʀɪŋ͵me:ɐ] |
| Mar (m) da China Meridional | Südchinesisches Meer (n) | ['zy:t·çi'ne:zɪʃəs me:ɐ] |

Mar (m) de Coral	Korallenmeer (n)	[ko'ʀalən͵me:ɐ]
Mar (m) de Tasman	Tasmansee (f)	[tas'ma:n·ze:]
Mar (m) do Caribe	Karibisches Meer (n)	[ka'ʀi:bɪʃəs 'me:ɐ]

| Mar (m) de Barents | Barentssee (f) | ['ba:ʀənts·ze:] |
| Mar (m) de Kara | Karasee (f) | ['kaʀa͵ze:] |

Mar (m) do Norte	Nordsee (f)	['nɔʀt͵ze:]
Mar (m) Báltico	Ostsee (f)	['ɔstze:]
Mar (m) da Noruega	Nordmeer (n)	['nɔʀt͵me:ɐ]

79. Montanhas

montanha (f)	Berg (m)	[bɛʀk]
cordilheira (f)	Gebirgskette (f)	[gə'bɪʀks͵kɛtə]
serra (f)	Bergrücken (m)	['bɛʀk͵ʀʏkən]

cume (m)	Gipfel (m)	['gɪpfəl]
pico (m)	Spitze (f)	['ʃpɪtsə]
pé (m)	Bergfuß (m)	['bɛʀk͵fu:s]
declive (m)	Abhang (m)	['ap͵haŋ]

vulcão (m)	Vulkan (m)	[vʊl'ka:n]
vulcão (m) ativo	tätiger Vulkan (m)	['tɛ:tɪgɐ vʊl'ka:n]
vulcão (m) extinto	schlafender Vulkan (m)	['ʃla:fəndɐ vʊl'ka:n]

erupção (f)	Ausbruch (m)	['aʊs͵bʀʊχ]
cratera (f)	Krater (m)	['kʀa:tɐ]
magma (m)	Magma (n)	['magma]
lava (f)	Lava (f)	['la:va]
fundido (lava ~a)	glühend heiß	['gly:ənt 'haɪs]

cânion, desfiladeiro (m)	Cañon (m)	[ka'njɔn]
garganta (f)	Schlucht (f)	[ʃlʊχt]
fenda (f)	Spalte (f)	['ʃpaltə]
precipício (m)	Abgrund (m)	['ap͵gʀʊnt]

passo, colo (m)	Gebirgspass (m)	[gə'bɪʀks͵pas]
planalto (m)	Plateau (n)	[pla'to:]
falésia (f)	Fels (m)	[fɛls]
colina (f)	Hügel (m)	['hy:gəl]

geleira (f)	Gletscher (m)	['glɛtʃɐ]
cachoeira (f)	Wasserfall (m)	['vasɐ͵fal]
gêiser (m)	Geiser (m)	['gaɪzɐ]
lago (m)	See (m)	[ze:]

planície (f)	Ebene (f)	['e:bənə]
paisagem (f)	Landschaft (f)	['lantʃaft]
eco (m)	Echo (n)	['ɛço]
alpinista (m)	Bergsteiger (m)	['bɛʀk͵ʃtaɪgɐ]

escalador (m)	Kletterer (m)	['klɛtəʀɐ]
conquistar (vt)	bezwingen (vt)	[bə'tsvɪŋən]
subida, escalada (f)	Aufstieg (m)	['aʊfʃtiːk]

80. Nomes de montanhas

Alpes (m pl)	Alpen (pl)	['alpən]
Monte Branco (m)	Montblanc (m)	[moŋ'blaŋ]
Pirineus (m pl)	Pyrenäen (pl)	[pyʀe'nɛːən]

Cárpatos (m pl)	Karpaten (pl)	[kaʁ'paːtən]
Urais (m pl)	Ural (m), Uralgebirge (n)	[u'ʀaːl], [u'ʀaːl·gə'bɪʁgə]
Cáucaso (m)	Kaukasus (m)	['kaʊkazʊs]
Elbrus (m)	Elbrus (m)	[ɛl'bʀʊs]

Altai (m)	Altai (m)	[al'taɪ]
Tian Shan (m)	Tian Shan (m)	['tjaːn 'ʃaːn]
Pamir (m)	Pamir (m)	[pa'miːɐ]
Himalaia (m)	Himalaja (m)	[hima'laːja]
monte Everest (m)	Everest (m)	['ɛvəʀɛst]

| Cordilheira (f) dos Andes | Anden (pl) | ['andən] |
| Kilimanjaro (m) | Kilimandscharo (m) | [kiliman'dʒaːʀo] |

81. Rios

rio (m)	Fluss (m)	[flʊs]
fonte, nascente (f)	Quelle (f)	['kvɛlə]
leito (m) de rio	Flussbett (n)	['flʊs,bɛt]
bacia (f)	Stromgebiet (n)	['ʃtʀoːm·gə'biːt]
desaguar no ...	einmünden in ...	['aɪn,mʏndən ɪn]

| afluente (m) | Nebenfluss (m) | ['ne:bən,flʊs] |
| margem (do rio) | Ufer (n) | ['uːfɐ] |

corrente (f)	Strom (m)	[ʃtʀoːm]
rio abaixo	stromabwärts	['ʃtʀoːm,apvɛʁts]
rio acima	stromaufwärts	['ʃtʀoːm,aʊfvɛʁts]

inundação (f)	Überschwemmung (f)	[y:bɐ'ʃvɛmʊŋ]
cheia (f)	Hochwasser (n)	['hoːχ,vasɐ]
transbordar (vi)	aus den Ufern treten	['aʊs den 'uːfɐn 'tʀeːtən]
inundar (vt)	überfluten (vt)	[,y:bɐ'fluːtən]

| banco (m) de areia | Sandbank (f) | ['zant,baŋk] |
| corredeira (f) | Stromschnelle (f) | ['ʃtʀoːm,ʃnɛlə] |

barragem (f)	Damm (m)	[dam]
canal (m)	Kanal (m)	[ka'naːl]
reservatório (m) de água	Stausee (m)	['ʃtaʊze:]
eclusa (f)	Schleuse (f)	['ʃlɔɪzə]
corpo (m) de água	Gewässer (n)	[gə'vɛsɐ]

pântano (m)	**Sumpf** (m), **Moor** (n)	[zʊmpf], [moːɐ]
lamaçal (m)	**Marsch** (f)	[maɐʃ]
redemoinho (m)	**Strudel** (m)	[ˈʃtʀuːdəl]
riacho (m)	**Bach** (m)	[baχ]
potável (adj)	**Trink-**	[ˈtʀɪŋk]
doce (água)	**Süß-**	[zyːs]
gelo (m)	**Eis** (n)	[aɪs]
congelar-se (vr)	**zufrieren** (vi)	[ˈtsuːˌfʀiːʀən]

82. Nomes de rios

rio Sena (m)	**Seine** (f)	[ˈzɛːnə]
rio Loire (m)	**Loire** (f)	[luˈaːʀ]
rio Tâmisa (m)	**Themse** (f)	[ˈtɛmzə]
rio Reno (m)	**Rhein** (m)	[ʀaɪn]
rio Danúbio (m)	**Donau** (f)	[ˈdoːnaʊ]
rio Volga (m)	**Wolga** (f)	[ˈvoːlga]
rio Don (m)	**Don** (m)	[dɔn]
rio Lena (m)	**Lena** (f)	[ˈleːna]
rio Amarelo (m)	**Gelber Fluss** (m)	[ˈgɛlbɐ ˈflʊs]
rio Yangtzé (m)	**Jangtse** (m)	[ˈjangtsɛ]
rio Mekong (m)	**Mekong** (m)	[ˈmeːkɔn]
rio Ganges (m)	**Ganges** (m)	[ˈgaŋgɛs], [ˈgaŋəs]
rio Nilo (m)	**Nil** (m)	[niːl]
rio Congo (m)	**Kongo** (m)	[ˈkɔŋgo]
rio Cubango (m)	**Okavango** (m)	[ɔkaˈvaŋgo]
rio Zambeze (m)	**Sambesi** (m)	[zamˈbeːzi]
rio Limpopo (m)	**Limpopo** (m)	[limpɔˈpo]
rio Mississippi (m)	**Mississippi** (m)	[mɪsɪˈsɪpi]

83. Floresta

floresta (f), bosque (m)	**Wald** (m)	[valt]
florestal (adj)	**Wald-**	[ˈvalt]
mata (f) fechada	**Dickicht** (n)	[ˈdɪkɪçt]
arvoredo (m)	**Gehölz** (n)	[gəˈhœlts]
clareira (f)	**Lichtung** (f)	[ˈlɪçtʊŋ]
matagal (m)	**Dickicht** (n)	[ˈdɪkɪçt]
mato (m), caatinga (f)	**Gebüsch** (n)	[gəˈbyʃ]
pequena trilha (f)	**Fußweg** (m)	[ˈfuːsˌveːk]
ravina (f)	**Erosionsrinne** (f)	[eʀoˈzɪoːnsˈʀɪnə]
árvore (f)	**Baum** (m)	[baʊm]
folha (f)	**Blatt** (n)	[blat]

folhagem (f)	Laub (n)	[laʊp]
queda (f) das folhas	Laubfall (m)	['laʊp‚fal]
cair (vi)	fallen (vi)	['falən]
topo (m)	Wipfel (m)	['vɪpfəl]

ramo (m)	Zweig (m)	[tsvaɪk]
galho (m)	Ast (m)	[ast]
botão (m)	Knospe (f)	['knɔspə]
agulha (f)	Nadel (f)	['naːdəl]
pinha (f)	Zapfen (m)	['tsapfən]

buraco (m) de árvore	Höhlung (f)	['høː‚lʊŋ]
ninho (m)	Nest (n)	[nɛst]
toca (f)	Höhle (f)	['høːlə]

tronco (m)	Stamm (m)	[ʃtam]
raiz (f)	Wurzel (f)	['vʊʁtsəl]
casca (f) de árvore	Rinde (f)	['ʁɪndə]
musgo (m)	Moos (n)	['moːs]

arrancar pela raiz	entwurzeln (vt)	[ɛnt'vʊʁtsəln]
cortar (vt)	fällen (vt)	['fɛlən]
desflorestar (vt)	abholzen (vt)	['ap‚hɔltsən]
toco, cepo (m)	Baumstumpf (m)	['baʊmʃtʊmpf]

fogueira (f)	Lagerfeuer (n)	['laːgɐ‚fɔɪɐ]
incêndio (m) florestal	Waldbrand (m)	['valt‚bʁant]
apagar (vt)	löschen (vt)	['lœʃən]

guarda-parque (m)	Förster (m)	['fœʁstɐ]
proteção (f)	Schutz (m)	[ʃʊts]
proteger (a natureza)	beschützen (vt)	[bə'ʃʏtsən]
caçador (m) furtivo	Wilddieb (m)	['vɪlt‚diːp]
armadilha (f)	Falle (f)	['falə]

colher (cogumelos)	sammeln (vt)	['zaməln]
colher (bagas)	pflücken (vt)	['pflʏkən]
perder-se (vr)	sich verirren	[zɪç fɛɐ'ʔɪʁən]

84. Recursos naturais

recursos (m pl) naturais	Naturressourcen (pl)	[na'tuːɐ·ʁɛ'suʁsən]
minerais (m pl)	Bodenschätze (pl)	['boːdən‚ʃɛtsə]
depósitos (m pl)	Vorkommen (n)	['foːɐ‚kɔmən]
jazida (f)	Feld (n)	[fɛlt]

extrair (vt)	gewinnen (vt)	[gə'vɪnən]
extração (f)	Gewinnung (f)	[gə'vɪnʊŋ]
minério (m)	Erz (n)	[eːɐts]
mina (f)	Bergwerk (n)	['bɛʁk‚vɛʁk]
poço (m) de mina	Schacht (m)	[ʃaxt]
mineiro (m)	Bergarbeiter (m)	['bɛʁk‚ʔaʁ‚baɪtɐ]
gás (m)	Erdgas (n)	['eːɐt·gaːs]
gasoduto (m)	Gasleitung (f)	['gaːs‚laɪtʊŋ]

petróleo (m)	Erdöl (n)	['eːɐt̚ˌʔøːl]
oleoduto (m)	Erdölleitung (f)	['eːɐt̚ʔøːlˌlaɪtʊŋ]
poço (m) de petróleo	Ölquelle (f)	['øːlˌkvɛlə]
torre (f) petrolífera	Bohrturm (m)	['boːɐˌtʊɐm]
petroleiro (m)	Tanker (m)	['taŋkɐ]

areia (f)	Sand (m)	[zant]
calcário (m)	Kalkstein (m)	['kalkˌʃtaɪn]
cascalho (m)	Kies (m)	[kiːs]
turfa (f)	Torf (m)	[tɔɐf]
argila (f)	Ton (m)	[toːn]
carvão (m)	Kohle (f)	['koːlə]

ferro (m)	Eisen (n)	['aɪzən]
ouro (m)	Gold (n)	[gɔlt]
prata (f)	Silber (n)	['zɪlbə]
níquel (m)	Nickel (n)	['nɪkəl]
cobre (m)	Kupfer (n)	['kʊpfɐ]

zinco (m)	Zink (n)	[tsɪŋk]
manganês (m)	Mangan (n)	[maɲ'gaːn]
mercúrio (m)	Quecksilber (n)	['kvɛkˌzɪlbɐ]
chumbo (m)	Blei (n)	[blaɪ]

mineral (m)	Mineral (n)	[mɪne'Raːl]
cristal (m)	Kristall (m)	[kRɪs'tal]
mármore (m)	Marmor (m)	['maɐmoːɐ]
urânio (m)	Uran (n)	[u'Raːn]

85. Tempo

tempo (m)	Wetter (n)	['vɛtɐ]
previsão (f) do tempo	Wetterbericht (m)	['vɛtɐbəˌRɪçt]
temperatura (f)	Temperatur (f)	[tɛmpɐʁa'tuːɐ]
termômetro (m)	Thermometer (n)	[tɛɐmo'meːtɐ]
barômetro (m)	Barometer (n)	[baʁo'meːtɐ]

úmido (adj)	feucht	[fɔɪçt]
umidade (f)	Feuchtigkeit (f)	['fɔɪçtɪçkaɪt]
calor (m)	Hitze (f)	['hɪtsə]
tórrido (adj)	glutheiß	['gluːtˌhaɪs]
está muito calor	ist heiß	[ist haɪs]

| está calor | ist warm | [ist vaɐm] |
| quente (morno) | warm | [vaɐm] |

| está frio | ist kalt | [ist kalt] |
| frio (adj) | kalt | [kalt] |

sol (m)	Sonne (f)	['zɔnə]
brilhar (vi)	scheinen (vi)	['ʃaɪnən]
de sol, ensolarado	sonnig	['zɔnɪç]
nascer (vi)	aufgehen (vi)	['aʊfˌgeːən]
pôr-se (vr)	untergehen (vi)	['ʊntɐˌgeːən]

nuvem (f)	**Wolke** (f)	['vɔlkə]
nublado (adj)	**bewölkt**	[bə'vœlkt]
nuvem (f) preta	**Regenwolke** (f)	['ʀe:gən͵vɔlkə]
escuro, cinzento (adj)	**trüb**	[tʀy:p]

chuva (f)	**Regen** (m)	['ʀe:gən]
está a chover	**Es regnet**	[ɛs 'ʀe:gnət]
chuvoso (adj)	**regnerisch**	['ʀe:gnəʀɪʃ]
chuviscar (vi)	**nieseln** (vi)	['ni:zəln]

chuva (f) torrencial	**strömender Regen** (m)	['ʃtʀø:məntdə 'ʀe:gən]
aguaceiro (m)	**Regenschauer** (m)	['ʀe:gən͵ʃaʊɐ]
forte (chuva, etc.)	**stark**	[ʃtaʀk]
poça (f)	**Pfütze** (f)	['pfʏtsə]
molhar-se (vr)	**nass werden** (vi)	[nas 've:ɐdən]

nevoeiro (m)	**Nebel** (m)	['ne:bəl]
de nevoeiro	**neblig**	['ne:blɪç]
neve (f)	**Schnee** (m)	[ʃne:]
está nevando	**Es schneit**	[ɛs 'ʃnaɪt]

86. Tempo extremo. Catástrofes naturais

trovoada (f)	**Gewitter** (n)	[gə'vɪtɐ]
relâmpago (m)	**Blitz** (m)	[blɪts]
relampejar (vi)	**blitzen** (vi)	['blɪtsən]

trovão (m)	**Donner** (m)	['dɔnɐ]
trovejar (vi)	**donnern** (vi)	['dɔnɐn]
está trovejando	**Es donnert**	[ɛs 'dɔnɐt]

granizo (m)	**Hagel** (m)	['ha:gəl]
está caindo granizo	**Es hagelt**	[ɛs 'ha:gəlt]

inundar (vt)	**überfluten** (vt)	[͵y:bɐ'flu:tən]
inundação (f)	**Überschwemmung** (f)	[y:bɐ'ʃvɛmʊŋ]

terremoto (m)	**Erdbeben** (n)	['e:ɐt͵be:bən]
abalo, tremor (m)	**Erschütterung** (f)	[ɛɐ'ʃʏtəʀʊŋ]
epicentro (m)	**Epizentrum** (n)	[͵epi'tsɛntʀʊm]

erupção (f)	**Ausbruch** (m)	['aʊs͵bʀʊχ]
lava (f)	**Lava** (f)	['la:va]

tornado (m)	**Wirbelsturm** (m)	['vɪʀbəl͵ʃtʊʀm]
tornado (m)	**Tornado** (m)	[tɔʀ'na:do]
tufão (m)	**Taifun** (m)	[taɪ'fu:n]

furacão (m)	**Orkan** (m)	[ɔʀ'ka:n]
tempestade (f)	**Sturm** (m)	[ʃtʊʀm]
tsunami (m)	**Tsunami** (m)	[tsu'na:mi]

ciclone (m)	**Zyklon** (m)	[tsy'klo:n]
mau tempo (m)	**Unwetter** (n)	['ʊn͵vɛtɐ]

incêndio (m)	Brand (m)	[bʀant]
catástrofe (f)	Katastrophe (f)	[ˌkatas'tʀoːfə]
meteorito (m)	Meteorit (m)	[meteo'ʀiːt]

avalanche (f)	Lawine (f)	[la'viːnə]
deslizamento (m) de neve	Schneelawine (f)	['ʃneːlaˌviːnə]
nevasca (f)	Schneegestöber (n)	['ʃneːgəˌʃtøːbɐ]
tempestade (f) de neve	Schneesturm (m)	['ʃneːˌʃtuʀm]

FAUNA

87. Mamíferos. Predadores

predador (m)	Raubtier (n)	['ʀaʊptiːɐ]
tigre (m)	Tiger (m)	['tiːgɐ]
leão (m)	Löwe (m)	['løːvə]
lobo (m)	Wolf (m)	[vɔlf]
raposa (f)	Fuchs (m)	[fʊks]
jaguar (m)	Jaguar (m)	['jaːguaːɐ]
leopardo (m)	Leopard (m)	[leoˈpaʁt]
chita (f)	Gepard (m)	[geˈpaʁt]
pantera (f)	Panther (m)	['pantɐ]
puma (m)	Puma (m)	['puːma]
leopardo-das-neves (m)	Schneeleopard (m)	['ʃneːleoˌpaʁt]
lince (m)	Luchs (m)	[lʊks]
coiote (m)	Kojote (m)	[kɔˈjoːtə]
chacal (m)	Schakal (m)	[ʃaˈkaːl]
hiena (f)	Hyäne (f)	['hyɛːnə]

88. Animais selvagens

animal (m)	Tier (n)	[tiːɐ]
besta (f)	Bestie (f)	['bɛstɪə]
esquilo (m)	Eichhörnchen (n)	['aɪçˌhœʁnçən]
ouriço (m)	Igel (m)	['iːgəl]
lebre (f)	Hase (m)	['haːzə]
coelho (m)	Kaninchen (n)	[kaˈniːnçən]
texugo (m)	Dachs (m)	[daks]
guaxinim (m)	Waschbär (m)	['vaʃˌbɛːɐ]
hamster (m)	Hamster (m)	['hamstɐ]
marmota (f)	Murmeltier (n)	['mʊʁməlˌtiːɐ]
toupeira (f)	Maulwurf (m)	['maʊlˌvʊʁf]
rato (m)	Maus (f)	[maʊs]
ratazana (f)	Ratte (f)	['ʀatə]
morcego (m)	Fledermaus (f)	['fleːdɐˌmaʊs]
arminho (m)	Hermelin (n)	[hɛʁməˈliːn]
zibelina (f)	Zobel (m)	['tsoːbəl]
marta (f)	Marder (m)	['maʁdɐ]
doninha (f)	Wiesel (n)	['viːzəl]
visom (m)	Nerz (m)	[nɛʁts]

castor (m)	Biber (m)	['biːbɐ]
lontra (f)	Fischotter (m)	['fɪʃˌʔɔtɐ]
cavalo (m)	Pferd (n)	[pfeːɐt]
alce (m)	Elch (m)	[ɛlç]
veado (m)	Hirsch (m)	[hɪʁʃ]
camelo (m)	Kamel (n)	[ka'meːl]
bisão (m)	Bison (m)	['biːzɔn]
auroque (m)	Wisent (m)	['viːzɛnt]
búfalo (m)	Büffel (m)	['bʏfəl]
zebra (f)	Zebra (n)	['tseːbʀa]
antílope (m)	Antilope (f)	[anti'loːpə]
corça (f)	Reh (n)	[ʀeː]
gamo (m)	Damhirsch (m)	['damhɪʁʃ]
camurça (f)	Gämse (f)	['gɛmzə]
javali (m)	Wildschwein (n)	['vɪltʃvaɪn]
baleia (f)	Wal (m)	[vaːl]
foca (f)	Seehund (m)	['zeːˌhʊnt]
morsa (f)	Walroß (n)	['vaːlˌʀɔs]
urso-marinho (m)	Seebär (m)	['zeːˌbɛːɐ]
golfinho (m)	Delfin (m)	[dɛl'fiːn]
urso (m)	Bär (m)	[bɛːɐ]
urso (m) polar	Eisbär (m)	['aɪsˌbɛːɐ]
panda (m)	Panda (m)	['panda]
macaco (m)	Affe (m)	['afə]
chimpanzé (m)	Schimpanse (m)	[ʃɪm'panzə]
orangotango (m)	Orang-Utan (m)	['oːʀaŋˌʔuːtan]
gorila (m)	Gorilla (m)	[go'ʀɪla]
macaco (m)	Makak (m)	[ma'kak]
gibão (m)	Gibbon (m)	['gɪbɔn]
elefante (m)	Elefant (m)	[ele'fant]
rinoceronte (m)	Nashorn (n)	['naːsˌhɔʁn]
girafa (f)	Giraffe (f)	[ˌgi'ʀafə]
hipopótamo (m)	Flusspferd (n)	['flʊsˌpfeːɐt]
canguru (m)	Känguru (n)	['kɛŋguʀu]
coala (m)	Koala (m)	[ko'aːla]
mangusto (m)	Manguste (f)	[maŋ'gʊstə]
chinchila (f)	Chinchilla (n)	[tʃɪn'tʃɪla]
cangambá (f)	Stinktier (n)	['ʃtɪŋkˌtiːɐ]
porco-espinho (m)	Stachelschwein (n)	['ʃtaχəlʃvaɪn]

89. Animais domésticos

gata (f)	Katze (f)	['katsə]
gato (m) macho	Kater (m)	['kaːtɐ]
cão (m)	Hund (m)	[hʊnt]

cavalo (m)	Pferd (n)	[pfe:ɐt]
garanhão (m)	Hengst (m)	['hɛŋst]
égua (f)	Stute (f)	['ʃtu:tə]
vaca (f)	Kuh (f)	[ku:]
touro (m)	Stier (m)	[ʃti:ɐ]
boi (m)	Ochse (m)	['ɔksə]
ovelha (f)	Schaf (n)	[ʃa:f]
carneiro (m)	Widder (m)	['vɪdɐ]
cabra (f)	Ziege (f)	['tsi:gə]
bode (m)	Ziegenbock (m)	['tsi:gən‚bɔk]
burro (m)	Esel (m)	['e:zəl]
mula (f)	Maultier (n)	['maʊl‚ti:ɐ]
porco (m)	Schwein (n)	[ʃvaɪn]
leitão (m)	Ferkel (n)	['fɛʁkəl]
coelho (m)	Kaninchen (n)	[ka'ni:nçən]
galinha (f)	Huhn (n)	[hu:n]
galo (m)	Hahn (m)	[ha:n]
pata (f), pato (m)	Ente (f)	['ɛntə]
pato (m)	Enterich (m)	['ɛntəʁɪç]
ganso (m)	Gans (f)	[gans]
peru (m)	Puter (m)	['pu:tɐ]
perua (f)	Pute (f)	['pu:tə]
animais (m pl) domésticos	Haustiere (pl)	['haʊs‚ti:ʁə]
domesticado (adj)	zahm	[tsa:m]
domesticar (vt)	zähmen (vt)	['tsɛ:mən]
criar (vt)	züchten (vt)	['tsʏçtən]
fazenda (f)	Farm (f)	[faʁm]
aves (f pl) domésticas	Geflügel (n)	[gə'fly:gəl]
gado (m)	Vieh (n)	[fi:]
rebanho (m), manada (f)	Herde (f)	['he:ɐdə]
estábulo (m)	Pferdestall (m)	['pfe:ɐdə‚ʃtal]
chiqueiro (m)	Schweinestall (m)	['ʃvaɪnə‚ʃtal]
estábulo (m)	Kuhstall (m)	['ku:‚ʃtal]
coelheira (f)	Kaninchenstall (m)	[ka'ni:nçən‚ʃtal]
galinheiro (m)	Hühnerstall (m)	['hy:nɐ‚ʃtal]

90. Pássaros

pássaro (m), ave (f)	Vogel (m)	['fo:gəl]
pombo (m)	Taube (f)	['taʊbə]
pardal (m)	Spatz (m)	[ʃpats]
chapim-real (m)	Meise (f)	['maɪzə]
pega-rabuda (f)	Elster (f)	['ɛlstɐ]
corvo (m)	Rabe (m)	['ʁa:bə]

gralha-cinzenta (f)	**Krähe** (f)	['kʀɛ:ə]
gralha-de-nuca-cinzenta (f)	**Dohle** (f)	['do:lə]
gralha-calva (f)	**Saatkrähe** (f)	['za:t͵kʀɛ:ə]
pato (m)	**Ente** (f)	['ɛntə]
ganso (m)	**Gans** (f)	[gans]
faisão (m)	**Fasan** (m)	[fa'za:n]
águia (f)	**Adler** (m)	['a:dlɐ]
açor (m)	**Habicht** (m)	['ha:bɪçt]
falcão (m)	**Falke** (m)	['falkə]
abutre (m)	**Greif** (m)	[gʀaɪf]
condor (m)	**Kondor** (m)	['kɔndo:ɐ]
cisne (m)	**Schwan** (m)	[ʃva:n]
grou (m)	**Kranich** (m)	['kʀa:nɪç]
cegonha (f)	**Storch** (m)	[ʃtɔʀç]
papagaio (m)	**Papagei** (m)	[papa'gaɪ]
beija-flor (m)	**Kolibri** (m)	['ko:libʀi]
pavão (m)	**Pfau** (m)	[pfaʊ]
avestruz (m)	**Strauß** (m)	[ʃtʀaʊs]
garça (f)	**Reiher** (m)	['ʀaɪɐ]
flamingo (m)	**Flamingo** (m)	[fla'mɪŋgo]
pelicano (m)	**Pelikan** (m)	['pe:lika:n]
rouxinol (m)	**Nachtigall** (f)	['naχtɪgal]
andorinha (f)	**Schwalbe** (f)	['ʃvalbə]
tordo-zornal (m)	**Drossel** (f)	['dʀɔsəl]
tordo-músico (m)	**Singdrossel** (f)	['zɪŋ͵dʀɔsəl]
melro-preto (m)	**Amsel** (f)	['amzəl]
andorinhão (m)	**Segler** (m)	['ze:glɐ]
cotovia (f)	**Lerche** (f)	['lɛʀçə]
codorna (f)	**Wachtel** (f)	['vaχtəl]
pica-pau (m)	**Specht** (m)	[ʃpɛçt]
cuco (m)	**Kuckuck** (m)	['kʊkʊk]
coruja (f)	**Eule** (f)	['ɔɪlə]
bufo-real (m)	**Uhu** (m)	['u:hu]
tetraz-grande (m)	**Auerhahn** (m)	['aʊɐ͵ha:n]
tetraz-lira (m)	**Birkhahn** (m)	['bɪʀk͵ha:n]
perdiz-cinzenta (f)	**Rebhuhn** (n)	['ʀe:p͵hu:n]
estorninho (m)	**Star** (m)	[ʃta:ɐ]
canário (m)	**Kanarienvogel** (m)	[ka'na:ʀɪən͵fo:gəl]
galinha-do-mato (f)	**Haselhuhn** (n)	['ha:zəl͵hu:n]
tentilhão (m)	**Buchfink** (m)	['bu:χfɪŋk]
dom-fafe (m)	**Gimpel** (m)	['gɪmpəl]
gaivota (f)	**Möwe** (f)	['mø:və]
albatroz (m)	**Albatros** (m)	['albatʀɔs]
pinguim (m)	**Pinguin** (m)	['pɪŋgui:n]

91. Peixes. Animais marinhos

brema (f)	Brachse (f)	['bʀaksə]
carpa (f)	Karpfen (m)	['kaʁpfən]
perca (f)	Barsch (m)	[baʁʃ]
siluro (m)	Wels (m)	[vɛls]
lúcio (m)	Hecht (m)	[hɛçt]
salmão (m)	Lachs (m)	[laks]
esturjão (m)	Stör (m)	[ʃtøːɐ]
arenque (m)	Hering (m)	['heːʀɪŋ]
salmão (m) do Atlântico	atlantische Lachs (m)	[at'lantɪʃə laks]
cavala, sarda (f)	Makrele (f)	[ma'kʀeːlə]
solha (f), linguado (m)	Scholle (f)	['ʃɔlə]
lúcio perca (m)	Zander (m)	['tsandɐ]
bacalhau (m)	Dorsch (m)	[dɔʁʃ]
atum (m)	Tunfisch (m)	['tuːnfɪʃ]
truta (f)	Forelle (f)	[ˌfo'ʀɛlə]
enguia (f)	Aal (m)	[aːl]
raia (f) elétrica	Zitterrochen (m)	['tsɪtɐˌʀɔχən]
moreia (f)	Muräne (f)	[mu'ʀɛːnə]
piranha (f)	Piranha (m)	[pi'ʀanja]
tubarão (m)	Hai (m)	[haɪ]
golfinho (m)	Delfin (m)	[dɛl'fiːn]
baleia (f)	Wal (m)	[vaːl]
caranguejo (m)	Krabbe (f)	['kʀabə]
água-viva (f)	Meduse (f)	[me'duːzə]
polvo (m)	Krake (m)	['kʀaːkə]
estrela-do-mar (f)	Seestern (m)	['zeːʃtɛʁn]
ouriço-do-mar (m)	Seeigel (m)	['zeːˌʔiːgəl]
cavalo-marinho (m)	Seepferdchen (n)	['zeːˌpfeːɐtçən]
ostra (f)	Auster (f)	['aʊstɐ]
camarão (m)	Garnele (f)	[gaʁ'neːlə]
lagosta (f)	Hummer (m)	['hʊmɐ]
lagosta (f)	Languste (f)	[laŋ'gʊstə]

92. Anfíbios. Répteis

cobra (f)	Schlange (f)	['ʃlaŋə]
venenoso (adj)	Gift-, giftig	[gɪft], ['gɪftɪç]
víbora (f)	Viper (f)	['viːpɐ]
naja (f)	Kobra (f)	['koːbʀa]
píton (m)	Python (m)	['pyːtɔn]
jiboia (f)	Boa (f)	['boːa]
cobra-de-água (f)	Ringelnatter (f)	['ʀɪŋəlˌnatɐ]

cascavel (f)	Klapperschlange (f)	['klapeˌʃlaŋe]
anaconda (f)	Anakonda (f)	[ana'kɔnda]

lagarto (m)	Eidechse (f)	['aɪdɛksǝ]
iguana (f)	Leguan (m)	['le:gua:n]
varano (m)	Waran (m)	[va'ʀa:n]
salamandra (f)	Salamander (m)	[zala'mandɐ]
camaleão (m)	Chamäleon (n)	[ka'mɛ:leˌɔn]
escorpião (m)	Skorpion (m)	[skɔʁ'pjo:n]

tartaruga (f)	Schildkröte (f)	['ʃɪltˌkʀø:tǝ]
rã (f)	Frosch (m)	[fʀɔʃ]
sapo (m)	Kröte (f)	['kʀø:tǝ]
crocodilo (m)	Krokodil (n)	[kʀoko'di:l]

93. Insetos

inseto (m)	Insekt (n)	[ɪn'zɛkt]
borboleta (f)	Schmetterling (m)	['ʃmɛtelɪŋ]
formiga (f)	Ameise (f)	['a:maɪzǝ]
mosca (f)	Fliege (f)	['fli:gǝ]
mosquito (m)	Mücke (f)	['mʏkǝ]
escaravelho (m)	Käfer (m)	['kɛ:fɐ]

vespa (f)	Wespe (f)	['vɛspǝ]
abelha (f)	Biene (f)	['bi:nǝ]
mamangaba (f)	Hummel (f)	['hʊmǝl]
moscardo (m)	Bremse (f)	['bʀɛmzǝ]

aranha (f)	Spinne (f)	['ʃpɪnǝ]
teia (f) de aranha	Spinnennetz (n)	['ʃpɪnǝnˌnɛts]

libélula (f)	Libelle (f)	[li'bɛlǝ]
gafanhoto (m)	Grashüpfer (m)	['gʀa:sˌhʏpfɐ]
traça (f)	Schmetterling (m)	['ʃmɛtelɪŋ]

barata (f)	Schabe (f)	['ʃa:bǝ]
carrapato (m)	Zecke (f)	['tsɛkǝ]
pulga (f)	Floh (m)	[flo:]
borrachudo (m)	Kriebelmücke (f)	['kʀi:bǝlˌmʏkǝ]

gafanhoto (m)	Heuschrecke (f)	['hɔɪʃʀɛkǝ]
caracol (m)	Schnecke (f)	['ʃnɛkǝ]
grilo (m)	Heimchen (n)	['haɪmçǝn]
pirilampo, vaga-lume (m)	Leuchtkäfer (m)	['lɔɪçtˌkɛ:fɐ]
joaninha (f)	Marienkäfer (m)	[ma'ʀi:ǝnˌkɛ:fɐ]
besouro (m)	Maikäfer (m)	['maɪˌkɛ:fɐ]

sanguessuga (f)	Blutegel (m)	['blu:tˌʔe:gǝl]
lagarta (f)	Raupe (f)	['ʀaʊpǝ]
minhoca (f)	Wurm (m)	[vʊʁm]
larva (f)	Larve (f)	['laʁfǝ]

FLORA

94. Árvores

árvore (f)	**Baum** (m)	[baʊm]
decídua (adj)	**Laub-**	[laʊp]
conífera (adj)	**Nadel-**	['naːdəl]
perene (adj)	**immergrün**	['ɪmɐˌɡʀyːn]
macieira (f)	**Apfelbaum** (m)	['apfəlˌbaʊm]
pereira (f)	**Birnbaum** (m)	['bɪʀnˌbaʊm]
cerejeira (f)	**Süßkirschbaum** (m)	['zyːskɪʀʃˌbaʊm]
ginjeira (f)	**Sauerkirschbaum** (m)	[zaʊəˈkɪʀʃˌbaʊm]
ameixeira (f)	**Pflaumenbaum** (m)	['pflaʊmənˌbaʊm]
bétula (f)	**Birke** (f)	['bɪʀkə]
carvalho (m)	**Eiche** (f)	['aɪçə]
tília (f)	**Linde** (f)	['lɪndə]
choupo-tremedor (m)	**Espe** (f)	['ɛspə]
bordo (m)	**Ahorn** (m)	['aːhɔʀn]
espruce (m)	**Fichte** (f)	['fɪçtə]
pinheiro (m)	**Kiefer** (f)	['kiːfɐ]
alerce, lariço (m)	**Lärche** (f)	['lɛʀçə]
abeto (m)	**Tanne** (f)	['tanə]
cedro (m)	**Zeder** (f)	['tseːdɐ]
choupo, álamo (m)	**Pappel** (f)	['papəl]
tramazeira (f)	**Vogelbeerbaum** (m)	['foːɡəlbeːɐˌbaʊm]
salgueiro (m)	**Weide** (f)	['vaɪdə]
amieiro (m)	**Erle** (f)	['ɛʀlə]
faia (f)	**Buche** (f)	['buːχə]
ulmeiro, olmo (m)	**Ulme** (f)	['ʊlmə]
freixo (m)	**Esche** (f)	['ɛʃə]
castanheiro (m)	**Kastanie** (f)	[kasˈtaːniə]
magnólia (f)	**Magnolie** (f)	[magˈnoːlɪə]
palmeira (f)	**Palme** (f)	['palmə]
cipreste (m)	**Zypresse** (f)	[tsyˈpʀɛsə]
mangue (m)	**Mangrovenbaum** (m)	[manˈɡʀoːvənˌbaʊm]
embondeiro, baobá (m)	**Baobab** (m)	['baːobap]
eucalipto (m)	**Eukalyptus** (m)	[ɔɪkaˈlʏptʊs]
sequoia (f)	**Mammutbaum** (m)	['mamʊtˌbaʊm]

95. Arbustos

arbusto (m)	**Strauch** (m)	[ʃtʀaʊχ]
arbusto (m), moita (f)	**Gebüsch** (n)	[ɡəˈbyʃ]

videira (f)	**Weinstock** (m)	['vaɪnʃtɔk]
vinhedo (m)	**Weinberg** (m)	['vaɪnˌbɛʁk]
framboeseira (f)	**Himbeerstrauch** (m)	['hɪmbeːɐˌʃtʁaʊχ]
groselheira-negra (f)	**schwarze Johannisbeere** (f)	['ʃvaʁtsə joːˈhanɪsbeːʁə]
groselheira-vermelha (f)	**rote Johannisbeere** (f)	['ʁoːtə joːˈhanɪsbeːʁə]
groselheira (f) espinhosa	**Stachelbeerstrauch** (m)	['ʃtaχəlbeːɐˌʃtʁaʊχ]
acácia (f)	**Akazie** (f)	[aˈkaːtsiə]
bérberis (f)	**Berberitze** (f)	[bɛʁbəˈʁɪtsə]
jasmim (m)	**Jasmin** (m)	[jasˈmiːn]
junípero (m)	**Wacholder** (m)	[vaˈχɔldɐ]
roseira (f)	**Rosenstrauch** (m)	['ʁoːzənˌʃtʁaʊχ]
roseira (f) brava	**Heckenrose** (f)	['hɛkənˌʁoːzə]

96. Frutos. Bagas

fruta (f)	**Frucht** (f)	[fʁʊχt]
frutas (f pl)	**Früchte** (pl)	['fʁʏçtə]
maçã (f)	**Apfel** (m)	['apfəl]
pera (f)	**Birne** (f)	['bɪʁnə]
ameixa (f)	**Pflaume** (f)	['pflaʊmə]
morango (m)	**Erdbeere** (f)	['eːɐtˌbeːʁə]
ginja (f)	**Sauerkirsche** (f)	['zaʊɐˌkɪʁʃə]
cereja (f)	**Süßkirsche** (f)	['zyːsˌkɪʁʃə]
uva (f)	**Weintrauben** (pl)	['vaɪnˌtʁaʊbən]
framboesa (f)	**Himbeere** (f)	['hɪmˌbeːʁə]
groselha (f) negra	**schwarze Johannisbeere** (f)	['ʃvaʁtsə joːˈhanɪsbeːʁə]
groselha (f) vermelha	**rote Johannisbeere** (f)	['ʁoːtə joːˈhanɪsbeːʁə]
groselha (f) espinhosa	**Stachelbeere** (f)	['ʃtaχəlˌbeːʁə]
oxicoco (m)	**Moosbeere** (f)	['moːsˌbeːʁə]
laranja (f)	**Apfelsine** (f)	[apfəlˈziːnə]
tangerina (f)	**Mandarine** (f)	[ˌmandaˈʁiːnə]
abacaxi (m)	**Ananas** (f)	['ananas]
banana (f)	**Banane** (f)	[baˈnaːnə]
tâmara (f)	**Dattel** (f)	['datəl]
limão (m)	**Zitrone** (f)	[tsiˈtʁoːnə]
damasco (m)	**Aprikose** (f)	[ˌapʁiˈkoːzə]
pêssego (m)	**Pfirsich** (m)	['pfɪʁzɪç]
quiuí (m)	**Kiwi, Kiwifrucht** (f)	['kiːvi], ['kiːviˌfʁʊχt]
toranja (f)	**Grapefruit** (f)	['gʁɛɪpˌfʁuːt]
baga (f)	**Beere** (f)	['beːʁə]
bagas (f pl)	**Beeren** (pl)	['beːʁən]
arando (m) vermelho	**Preiselbeere** (f)	['pʁaɪzəlˌbeːʁə]
morango-silvestre (m)	**Walderdbeere** (f)	['valtʔeːɐtˌbeːʁə]
mirtilo (m)	**Heidelbeere** (f)	['haɪdəlˌbeːʁə]

97. Flores. Plantas

| flor (f) | Blume (f) | ['blu:mə] |
| buquê (m) de flores | Blumenstrauß (m) | ['blu:mənˌʃtʀaʊs] |

rosa (f)	Rose (f)	['ʀo:zə]
tulipa (f)	Tulpe (f)	['tʊlpə]
cravo (m)	Nelke (f)	['nɛlkə]
gladíolo (m)	Gladiole (f)	[ˌgla'dɪo:lə]

centáurea (f)	Kornblume (f)	['kɔʀnˌblu:mə]
campainha (f)	Glockenblume (f)	['glɔkənˌblu:mə]
dente-de-leão (m)	Löwenzahn (m)	['lø:vənˌtsa:n]
camomila (f)	Kamille (f)	[ka'mɪlə]

aloé (m)	Aloe (f)	['a:loe]
cacto (m)	Kaktus (m)	['kaktʊs]
fícus (m)	Gummibaum (m)	['gʊmiˌbaʊm]

lírio (m)	Lilie (f)	['li:liə]
gerânio (m)	Geranie (f)	[ge'ʀa:nɪə]
jacinto (m)	Hyazinthe (f)	[hya'tsɪntə]

mimosa (f)	Mimose (f)	[mi'mo:zə]
narciso (m)	Narzisse (f)	[naʀ'tsɪsə]
capuchinha (f)	Kapuzinerkresse (f)	[ˌkapu'tsi:neˌkʀɛsə]

orquídea (f)	Orchidee (f)	[ˌɔʀçi'de:ə]
peônia (f)	Pfingstrose (f)	['pfɪŋstˌʀo:zə]
violeta (f)	Veilchen (n)	['faɪlçən]

amor-perfeito (m)	Stiefmütterchen (n)	['ʃti:fˌmʏteçən]
não-me-esqueças (m)	Vergissmeinnicht (n)	[ˌfɛɐ'gɪs·maɪn·nɪçt]
margarida (f)	Gänseblümchen (n)	['gɛnzəˌbly:mçən]

papoula (f)	Mohn (m)	[mo:n]
cânhamo (m)	Hanf (m)	[hanf]
hortelã, menta (f)	Minze (f)	['mɪntsə]

| lírio-do-vale (m) | Maiglöckchen (n) | ['maɪˌglœkçən] |
| campânula-branca (f) | Schneeglöckchen (n) | ['ʃne:glœkçən] |

urtiga (f)	Brennnessel (f)	['bʀɛnˌnɛsəl]
azedinha (f)	Sauerampfer (m)	['zaʊɐˌʔampfɐ]
nenúfar (m)	Seerose (f)	['ze:ˌʀo:zə]
samambaia (f)	Farn (m)	[faʀn]
líquen (m)	Flechte (f)	['flɛçtə]

estufa (f)	Gewächshaus (n)	[gə'vɛksˌhaʊs]
gramado (m)	Rasen (m)	['ʀa:zən]
canteiro (m) de flores	Blumenbeet (n)	['blu:məən·be:t]

planta (f)	Pflanze (f)	['pflantsə]
grama (f)	Gras (n)	[gʀa:s]
folha (f) de grama	Grashalm (m)	['gʀa:sˌhalm]

folha (f)	Blatt (n)	[blat]
pétala (f)	Blütenblatt (n)	['bly:tən‚blat]
talo (m)	Stiel (m)	[ʃti:l]
tubérculo (m)	Knolle (f)	['knɔlə]

| broto, rebento (m) | Jungpflanze (f) | ['jʊŋ‚pflantsə] |
| espinho (m) | Dorn (m) | [dɔʁn] |

florescer (vi)	blühen (vi)	['bly:ən]
murchar (vi)	welken (vi)	['vɛlkən]
cheiro (m)	Geruch (m)	[gə'ʁʊχ]
cortar (flores)	abschneiden (vt)	['apʃnaɪdən]
colher (uma flor)	pflücken (vt)	['pflʏkən]

98. Cereais, grãos

grão (m)	Getreide (n)	[gə'tʁaɪdə]
cereais (plantas)	Getreidepflanzen (pl)	[gə'tʁaɪdə‚pflantsən]
espiga (f)	Ähre (f)	['ɛ:ʁə]

trigo (m)	Weizen (m)	['vaɪtsən]
centeio (m)	Roggen (m)	['ʁɔgən]
aveia (f)	Hafer (m)	['ha:fɐ]
painço (m)	Hirse (f)	['hɪʁzə]
cevada (f)	Gerste (f)	['gɛʁstə]

milho (m)	Mais (m)	['maɪs]
arroz (m)	Reis (m)	[ʁaɪs]
trigo-sarraceno (m)	Buchweizen (m)	['bu:χ‚vaɪtsən]

ervilha (f)	Erbse (f)	['ɛʁpsə]
feijão (m) roxo	weiße Bohne (f)	['vaɪsə 'bo:nə]
soja (f)	Sojabohne (f)	['zo:ja‚bo:nə]
lentilha (f)	Linse (f)	['lɪnzə]
feijão (m)	Bohnen (pl)	['bo:nən]

PAÍSES DO MUNDO

99. Países. Parte 1

Afeganistão (m)	Afghanistan (n)	[afˈga:nɪsta:n]
África (f) do Sul	Republik Südafrika (f)	[ʀepuˈbli:k zy:tˌʔa:fʀika]
Albânia (f)	Albanien (n)	[alˈba:niən]
Alemanha (f)	Deutschland (n)	[ˈdɔɪtʃlant]
Arábia (f) Saudita	Saudi-Arabien (n)	[ˌzaʊdiʔaˈʀa:biən]
Argentina (f)	Argentinien (n)	[ˌaʁgɛnˈti:niən]
Armênia (f)	Armenien (n)	[aʁˈme:niən]

Austrália (f)	Australien (n)	[aʊsˈtʀa:lɪən]
Áustria (f)	Österreich (n)	[ˈøːstəʀaɪç]
Azerbaijão (m)	Aserbaidschan (n)	[ˌazɛʁbaɪˈdʒa:n]
Bahamas (f pl)	Die Bahamas	[di baˈha:ma:s]
Bangladesh (m)	Bangladesch (n)	[ˌbaŋglaˈdɛʃ]
Bélgica (f)	Belgien (n)	[ˈbɛlgɪən]
Belarus	Weißrussland (n)	[ˈvaɪsˌʀʊslant]

Bolívia (f)	Bolivien (n)	[boˈli:vɪən]
Bósnia e Herzegovina (f)	Bosnien und Herzegowina (n)	[ˈbɔsniən ʊnt ˌhɛʁtsəˈgovina:]
Brasil (m)	Brasilien (n)	[bʀaˈzi:lɪən]
Bulgária (f)	Bulgarien (n)	[bʊlˈga:ʀɪən]
Camboja (f)	Kambodscha (n)	[kamˈbɔdʒa]
Canadá (m)	Kanada (n)	[ˈkanada]
Cazaquistão (m)	Kasachstan (n)	[ˈka:zaxˌsta:n]

Chile (m)	Chile (n)	[ˈtʃiːlə]
China (f)	China (n)	[ˈçi:na]
Chipre (m)	Zypern (n)	[ˈtsy:pɐn]
Colômbia (f)	Kolumbien (n)	[koˈlʊmbɪən]
Coreia (f) do Norte	Nordkorea (n)	[ˈnɔʁtˈko'ʀe:a]
Coreia (f) do Sul	Südkorea (n)	[ˈzy:tkoˈʀe:a]
Croácia (f)	Kroatien (n)	[kʀoˈa:tsɪən]

Cuba (f)	Kuba (n)	[ˈku:ba]
Dinamarca (f)	Dänemark (n)	[ˈdɛ:nəˌmaʁk]
Egito (m)	Ägypten (n)	[ɛˈgʏptən]
Emirados Árabes Unidos	Vereinigten Arabischen Emirate (pl)	[fɛɐˈʔaɪnɪgən aˈʀa:bɪʃən emiˈʀa:tə]
Equador (m)	Ecuador (n)	[ˌekuaˈdo:ɐ]
Escócia (f)	Schottland (n)	[ˈʃɔtlant]

Eslováquia (f)	Slowakei (f)	[slovaˈkaɪ]
Eslovênia (f)	Slowenien (n)	[sloˈve:nɪən]
Espanha (f)	Spanien (n)	[ˈʃpa:nɪən]
Estados Unidos da América	Die Vereinigten Staaten	[di fɛɐˈʔaɪnɪçtən ˈʃta:tən]
Estônia (f)	Estland (n)	[ˈɛstlant]

| Finlândia (f) | Finnland (n) | ['fɪnlant] |
| França (f) | Frankreich (n) | ['fʀaŋkʀaɪç] |

100. Países. Parte 2

Gana (f)	Ghana (n)	['gaːna]
Geórgia (f)	Georgien (n)	[ge'ɔʁgɪən]
Grã-Bretanha (f)	Großbritannien (n)	[gʀoːs·bʀi'tanɪən]
Grécia (f)	Griechenland (n)	['gʀiːçən‚lant]
Haiti (m)	Haiti (n)	[ha'iːti]
Hungria (f)	Ungarn (n)	['ʊŋgaʁn]
Índia (f)	Indien (n)	['ɪndɪən]

Indonésia (f)	Indonesien (n)	[ɪndo'neːzɪən]
Inglaterra (f)	England (n)	['ɛŋlant]
Irã (m)	Iran (m, n)	[i'ʀaːn]
Iraque (m)	Irak (m, n)	[i'ʀaːk]
Irlanda (f)	Irland (n)	['ɪʁlant]
Islândia (f)	Island (n)	['iːslant]
Israel (m)	Israel (n)	['ɪsʀaeːl]

Itália (f)	Italien (n)	[i'taːlɪən]
Jamaica (f)	Jamaika (n)	[ja'maɪka]
Japão (m)	Japan (n)	['jaːpan]
Jordânia (f)	Jordanien (n)	[jɔʁ'daːnɪən]
Kuwait (m)	Kuwait (n)	[ku'vaɪt]

| Laos (m) | Laos (n) | ['laːɔs] |
| Letônia (f) | Lettland (n) | ['lɛtlant] |

Líbano (m)	Libanon (m, n)	['liːbanɔn]
Líbia (f)	Libyen (n)	['liːbyən]
Liechtenstein (m)	Liechtenstein (n)	['lɪçtənʃtaɪn]
Lituânia (f)	Litauen (n)	['lɪtaʊən]
Luxemburgo (m)	Luxemburg (n)	['lʊksəm‚bʊʁk]

| Macedônia (f) | Makedonien (n) | [makə'doːnɪən] |
| Madagascar (m) | Madagaskar (n) | [‚mada'gaskaʁ] |

Malásia (f)	Malaysia (n)	[ma'laɪzɪa]
Malta (f)	Malta (n)	['malta]
Marrocos	Marokko (n)	[‚ma'ʀɔko]
México (m)	Mexiko (n)	['mɛksiko:]
Birmânia (f)	Myanmar (n)	['mɪanmaːɐ]

| Moldávia (f) | Moldawien (n) | [mɔl'daːvɪən] |
| Mônaco (m) | Monaco (n) | [mo'nako] |

Mongólia (f)	Mongolei (f)	[‚mɔŋgo'laɪ]
Montenegro (m)	Montenegro (n)	[mɔnte'neːgʀo]
Namíbia (f)	Namibia (n)	[na'miːbia]
Nepal (m)	Nepal (n)	['neːpal]
Noruega (f)	Norwegen (n)	['nɔʁ‚veːgən]
Nova Zelândia (f)	Neuseeland (n)	[nɔɪ'zeːlant]

101. Países. Parte 3

Países Baixos (m pl)	Niederlande (f)	['ni:dǝ͵landǝ]
Palestina (f)	Palästina (n)	[palɛs'ti:na]
Panamá (m)	Panama (n)	['panama:]
Paquistão (m)	Pakistan (n)	['pa:kɪsta:n]
Paraguai (m)	Paraguay (n)	['pa:ʀagvaɪ]
Peru (m)	Peru (n)	[pe'ʀu:]
Polinésia (f) Francesa	Französisch-Polynesien (n)	[fʀan'tsø:zɪʃ poly'ne:zɪǝn]
Polônia (f)	Polen (n)	['po:lǝn]
Portugal (m)	Portugal (n)	['pɔʁtugal]
Quênia (f)	Kenia (n)	['ke:nia]
Quirguistão (m)	Kirgisien (n)	['kɪʁgi:zɪǝn]
República (f) Checa	Tschechien (n)	['tʃɛçɪǝn]
República Dominicana	Dominikanische Republik (f)	[domini͵ka:nɪʃǝ ʀepu'blik]
Romênia (f)	Rumänien (n)	[ʀu'mɛ:nɪǝn]
Rússia (f)	Russland (n)	['ʀʊslant]
Senegal (m)	Senegal (m)	['ze:negal]
Sérvia (f)	Serbien (n)	['zɛʁbɪǝn]
Síria (f)	Syrien (n)	['zy:ʀɪǝn]
Suécia (f)	Schweden (n)	['ʃve:dǝn]
Suíça (f)	Schweiz (f)	[ʃvaɪts]
Suriname (m)	Suriname (n)	[syʀi'na:mǝ]
Tailândia (f)	Thailand (n)	['taɪlant]
Taiwan (m)	Taiwan (n)	[taɪ'va:n]
Tajiquistão (m)	Tadschikistan (n)	[ta'dʒi:kɪsta:n]
Tanzânia (f)	Tansania (n)	[tan'za:nɪa]
Tasmânia (f)	Tasmanien (n)	[tas'ma:nɪǝn]
Tunísia (f)	Tunesien (n)	[tu'ne:zɪǝn]
Turquemenistão (m)	Turkmenistan (n)	[tʊʁk'me:nɪsta:n]
Turquia (f)	Türkei (f)	[tyʁ'kaɪ]
Ucrânia (f)	Ukraine (f)	[͵ukʀa'i:nǝ]
Uruguai (m)	Uruguay (n)	['u:ʀugvaɪ]
Uzbequistão (f)	Usbekistan (n)	[ʊs'be:kɪsta:n]
Vaticano (m)	Vatikan (m)	[vati'ka:n]
Venezuela (f)	Venezuela (n)	[͵vene'tsue:la]
Vietnã (m)	Vietnam (n)	[vɪɛt'nam]
Zanzibar (m)	Sansibar (n)	['zanziba:ɐ]

www.ingramcontent.com/pod-product-compliance
Lightning Source LLC
Chambersburg PA
CBHW060033050426
42448CB00012B/2979